KB024672

초상화,
그려진 선비정신

일러두기

1. 이 책은 지은이의 박사학위 논문 〈조선시대 초상화에 나타난 피부 병변 연구〉와 여러 매체에 기고했던 글들을 바탕으로 하였다.

2. 책 제목·신문·화첩은 《》, 논문·글 제목·개별 서화는 〈〉로 표시했다.

3. 도판 설명은 작품 이름, 화가 이름, 시대, 재질, 크기, 문화재 지정 현황, 소장처의 순서로 표기했다. 화가가 알려지지 않은 경우에는 생략하였고, 크기는 cm를 단위로 세로×가로 순으로 표시했다.

초상화, 그려진 선비정신

피부과 의사,
선비의 얼굴을 진단하다

이성낙 지음

눌와

알프레드 마르키오니니Alfred Marchionini, 1899~1965
교수님을 기억하며

차 례

서문

넋두리에서
시작하여 책으로

10여 년 전 어느 날, 미술애호가들과 이야기를 나누던 중이었다. 그간 모아온 초상화 관련 자료들을 누구에게, 어떻게 정리하여 전하는 것이 좋을지를 놓고 고민하고 있다고 입을 열었다. 내가 피부과학을 전공한 사람으로서 유럽 미술관을 비롯하여 국내외 박물관에서 초상화에 나타난 피부병변과 관련해 다양한 문헌과 사진자료들을 모아왔다는 것을 익히 알고 있는 지인들이기에 큰 부담 없이 넋두리하듯 꺼낸 말이었다.

나는 현직에서 물러난 뒤 차츰 주변을 정리하고 있었는데, 초상화 관련 자료들을 어떻게 해야 할지가 큰 고민이었다. 그 자료들이 마음 한구석에 늘 부담으로 남아 있었다. 오랜 시간 수집한 자료이기에 애착도 컸지만, 자료들이 나의 품을 벗어나면 한낱 무용지물이 되지 않을까 하는 막연한 생각에 이리저리 궁리하던 차였다.

그런데 좌중에 있던 유홍준 교수가 "대학원에 입학하여 학위논문으로 정리하시지요?"라고 조금은 뜬금없는 제안을 하였다. 그러자 동석했던 윤용이 교수, 이태호 교수가 동감하고 동의한다는 듯 한마디씩 거들었다. 당시 나는 그 제안을 심각하게 받아들이지 않았다.

그러나 유홍준 교수의 제안은 긴 여운을 남겼다. 초상화 관련 자료를 누구에게 전하면 좋을지 고민을 거듭하였지만 뾰족한 수를 찾을 수 없었기 때문이다. 자료들을 누군가에게 넘기려면 여러 조건이 충족되어야 했다. 첫째, 받는 사람이 미술에 각별한 애착을 가진 사람이어야 한다. 둘째, 그는 피부과 전문의여야 한다. 셋째, 무엇보다 넘겨받는 사람에게 부담을 주는 것은 반드시 피해야 했다. 이런 조건을 만족하기는 좀처럼 쉽지 않았다.

고민스런 몇 달이 지난 어느 날, 문득 '그러면 이 귀중한 자료를 그냥 방치할 것인가?'라고 스스로에게 되물었다. 단순히 개인의 문제가 아니었다. 여기서 그만두면 어렵게 찾아낸, 조선시대 초상화가 임상의학 자료로서 세계 미술사에서 갖는 의미가 그냥 묻히고 말겠다는 생각에 정신이 번쩍 들었다.

결국 '결자해지結者解之'라는 순리에 따라 내가 직접 마무리할 수밖에 없겠다는 결론을 내리고 대학원에 입학하기로 했다. 내가 의학박사 학위를 소지한 데다, 독일의 대학교수자격학위Habilitation도 가지고 있으니 대학원 석사 과정은 거치지 않아도 되겠다는 교수들의 말을 철석같이 믿고 일흔이 넘은 나이에 명지대학교 대학원 미술사학과 박사학위 과정에 들어갔다.

현실은 만만치 않았다. 입학 첫 2년 동안엔 모든 전수과목을 반드시 들어야 해서 실로 육체적인 어려움을 느끼며 수업에 참여했다. 그러나 학문에 뛰어나고 지식이 풍부한 교수들의 강의를 듣는 즐거움은 물론 국내외 현장답사를 통한 배움의 희열도 컸다. 젊은 동료들과 함께하는 시간도 소중했다. 무엇보다 조선시대 초상화와 관련한 다양한 자료들을 연구하면서 얻는 학문적 성취감이 가장 큰 기쁨이었다.

조선시대 초상화를 연구하면서 갈수록 커지는 생각이 있었다. 바로 우리 초상화가 '정직함'으로 대표되는 시대정신의 결과물이라는 것이었다. 조선시대 초상화가 참으로 자랑스럽기 그지없는 우리네 정신문화의 결정체임을 알게 된 것이다.

조선시대 초상화에 깃든 문화적 특성은 조선시대의 다른 장르에서도 어김없이 발견할 수 있었다. 기와집과 궁궐 그리고 초가지붕이 보여주는 선, 자연이 깃든 정원庭園, 탈놀이를 할 때 쓰는 다양한 가면 등에서도 우리 민족의 정직함을 보았다.

한 나라의 다양한 문화 장르들은 겉으로 보기에는 서로 다르면서도 내적으로는 공통분모를 공유하고 있다. 어깨동무를 하듯 말이다. 우리 문화의 공통분모는 바로 정직함의 또 다른 발현인 꾸밈없음, 담담함, 담백함이다. 그리고 조선시대 초상화에 나타난 정직함은 그 시대 문화를 이끈 선비정신의 진수라 말할 수 있을 것이며, 이는 우리 문화 저변에 흔들림 없이 일관되게 자리 잡고 있는 문화코드이다.

나는 조선시대 초상화를 통해 조선의 선비정신을 새로운 시각에서 보고 높은 긍지를 가지게 되었다. 하마터면 지나칠 뻔했던 우리의 귀중한 정신문화를 초상화를 공부하며 발견한 것이다. 조선시대 초상화는 선비정신을 일관된 물성物性으로 확인, 뒷받침할 수 있는 소중한 문화유산이다. 초상화와 거기 담긴 정신은 개인의 지적 자산으로 간직하기에는 너무도 크고 값진 것이어서 그것을 널리 알리는 과제 또한 자청해서 떠안고, 실천의 첫걸음으로 이 책을 내게 되었다. 가벼운 넋두리가 한 권의 책으로 열매를 맺게 된 것이다.

조선시대 초상화에 대한 연구를 하면서 나는 고故 이강칠 선생을 비롯해서 많은 분들에게 직간접적으로 많은 도움을 받았다. 성균관대학교 명예교수 조선미 선생의 다양하고 깊이 있는 초상화 관련 수준 높은 저서들이 연구에 길잡이가 되었던 것을 빼놓을 수 없다. 묵묵하게 큰 힘을 실어준 유홍준 교수, 지도교수로서 내 연구를 이끌어주며 연구 결과를 논문으로 끝맺을 수 있도록 세심하게 돌봐준 이태호 교수의 도움도 잊을 수 없다. 대학원 동기들로부터 받은 크고 작은 도움도 아름다운 기억으로 남았다.

주변 지인들의 조선시대 초상화에 대한 관심은 소리 없는 재촉의 매서운 눈길로 돌아왔으며, 그것은 논문을 끝내고 책을 내기까지 격려의 촉매제가 되었다. 고마운 마음으로 되돌아보게 된다. 조선시대 초상화가 세계 미술사에 자랑할 만한 우리의 뛰어난 문화유산이라는 점, 이 책으로 널리 알리고 싶은 마음 간절하다.

1장

초상화에서 피부병을 발견하다

1. 초상화에 빠진 피부과 의사

1964년, 나는 독일의 뮌헨대학교 의과대학에서 의학을 공부하고 있었다. 우리에게 피부과학을 강의했던 알프레드 마르키오니니 교수는 학년 말 마지막 강의를 '미술품에 나타난 피부질환'이란 주제로 마무리했다. 마르키오니니 교수는 강의 중에 미술품에 나타난 다양한 피부병변을 보여주면서 앞선 강의에서 언급했던 피부질환을 상기시켰다. 예술품에 대한 해설과 함께 의학을 공부한다는 것이 대단히 새롭고 인상적이었다.

마르키오니니 교수의 학기 마지막 강의는 대단한 인기를 끌어서 의대생뿐 아니라 다른 전공을 하는 학생들도 대거 참석했다. 그 바람에 임시로 마련된 대강의실은 입추의 여지가 없을 만큼 붐볐다. 나는 그 강의를 들으면서 '예술을 저런 시각에서도 접근할 수 있구나'라고 생각했다. 그만큼 마르키오니니 교수의 접근법이 신선하고도 놀라웠다. 이 강의가 바로 내가 초상화에 눈을 뜨게 된 계기였다. 이후 임상에서 피부과학 전문의 과정을 밟는 10년 가까운 세월 동안 나는 유럽 여러 나라의 미술관을 찾아다녔다. 그리고 미술관에 전시된 수많은 초상화에 눈길을 주면서 피부병변을 찾는 '습관'을 갖게 되었다.

1975년에 독일 생활을 마치고 귀국하면서 내 마음 한구석에는 아쉬움이 자리했다. '앞으로 한국에서 보게 될 전통미술에서는 서양 초상화에서처럼 피부병변을 찾아볼 수 없겠지' 하는 막연한 생각 때문이었다. 그때까지도 나는 전통미술 하면 아름다운 산수화만 떠올렸다. 그러던 어느 날, 국립중앙박물관에서 우연히 피부병변이 그려진 조선시대 초상화를 보게 되었다. 눈을 의심할 정도로 놀랐던 그 순간의 기억이 지금도 생생하다. 기쁨과 놀라움이 말로 표현하기 어려울 지경이었다.

나는 '조선시대 초상화에서 더 많은 피부병변을 볼 수 있지 않을까?' 하는 기대를 가지고 국립중앙박물관 학예실을 찾아가 "밖에 전시된 초상화에서 피부병변을 볼 수 있는데, 혹시 가지고 있는 초상화를 더 보여줄 수 있느냐"라고 물었다. 당시 담당 학예연구관이었던 윤용이 선생은 나의 질문에 선선히 초상화 몇 점을 보여주었다. 그런데 초상화마다 다양한 피부병변

왼쪽_영조 어진. 채용신·조석진 등, 1900년 모사, 비단에 채색, 110.5×61.8cm, 보물 제932호, 국립고궁박물관 소장.
오른쪽_유한준 초상. 1800년, 비단에 채색, 120×76cm, 규장각한국학연구원 소장.

을 볼 수 있어서 놀랍기도 하고 감격스럽기도 했다. 마치 지질학 전문가가 빛나는 금맥을 발견한 듯 행복하기만 하였다.

조선시대 초상화에 대한 연구는 그동안 다양한 시각에서 이루어져 왔다. 조선시대 초상화에 대한 연구로는 우리나라 최초의 큐레이터이자 미술평론가인 박래경이 1973년에 쓴 〈초상화에 대하여〉라는 논문을 시작으로 다양한 연구들이 존재한다. 초상화의 형식과 미는 물론이요, 초상화의 주인공이 대부분 고

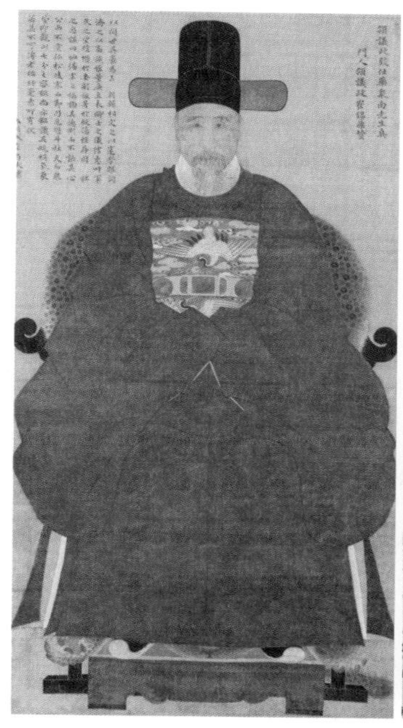

왼쪽_남구만 초상. 1711년, 비단에 채색, 162.8×88.5cm. 보물 제1484호, 국립중앙박물관 소장.
오른쪽_이하응 초상. 1869년, 비단에 채색, 132.6×67.8cm, 보물 제1499호, 국립중앙박물관 소장.

위 관직에 올랐던 관료나 선비들이기 때문에 우리는 초상화를 통해 그 시대의 의복 양식을 비롯하여 관복, 관복에 장식된 흉배, 옷감의 문양, 액세서리 등 다양한 요소를 살펴보고 연구할 수 있다. 다시 말해 우리는 초상화를 보고 그 시대의 양반들이 평상시에는 어떤 옷을 입고 지냈으며, 또 관청이나 궁궐에 출근할 때는 어떤 형태의 관복을 입었는지도 알 수 있다. 게다가 초상화에 나타난 복식은 한 시대의 유행을 엿볼 수 있는 단서가 되기도 한다.

나는 조선시대 초상화에서 초상화의 가장 핵심적 요소인 얼굴, 즉 안면에 묘사된 피부병변에 주목했다. 초상화에 묘사된 피부병변을 보고 임상적 진단을 내릴 수 있다는 사실이 조선시대 초상화가 얼마나 정확하고 정교하게 그려졌는가를 웅변하기 때문이다. 또한 조선시대 초상화에 나타난 다양한 피부병변이 얼마나 의학적으로 정확하게 그려졌는지를 확인하는 과정에서 조선시대 초상화에서 여러 가지 희귀난치성 피부질환들을 확인할 수 있었고 이를 통해 역학疫學에 관한 중요한 자료 또한 얻을 수 있었다.

1982년에는 그간 조사한 자료를 바탕으로 쓴 〈역사적 초상화에 나타난 백반증Vitiligo auf einem historischen Porträt〉이라는 논문이 독일 피부과학 전문학술지 《데어 하우트아르츠트Der Hautarzt, 피부과 의사》에 실리게 되었다. 피부과학 관련 학술지에 그저 "조선시대 초상화에 나타난 백반증을 확인할 수 있었으니 제 논문을 실어주십시오" 한다고 해서 편집위원들이 "그래요?" 하면서 연구논문으로 받아들이지 않는 것은 당연한 일이다. 초상화에 나타난 백반증 병변의 임상적 특징을 증명하고, 편집위원들이 그 주장에 과학적 근거가 있다고 인정한 결과인 것이다. 조선시대 초상화에 피부병변이 잘 나타나 있음이 객관적, 국제적 인증을 받은 셈이다.

독일의 피부과학 학술전문지에 실었던 백반증 관련 논문은 이후 영국에서 출판된 학술서적에 다시 인용되었다.

이후 1984년에 창간된 《월간 미술세계》에 그동안의 연구 성과를 정리해 '조선시대 초상화에 나타난 피부 증상'이라는 제목으로 연재하게 되었다. 《월간 미술세계》에 실린 글은 미술사학 전공자들의 많은 관심을 끌었던 것 같다. 30년이 넘는 세월이 흐른 지금도 가끔 그 글을 기억하는 분들을 만나곤 한다. 그만큼 내 견해가 당시에는 새로웠던 것이다.

조선시대 초상화를 공부하던 중에 만난 분들 가운데 《한국명인초상대감韓國名人肖像大鑑》을 펴낸 미술사학자 이강칠 선생을 잊을 수 없다. 《월간 미술세계》에 내가 기고한 글을 읽고

송시열 초상(부분).
18세기, 비단에 채색,
89.7×67.6cm, 국보 제239호,
국립중앙박물관 소장.
송시열의 얼굴 전체에 새겨진
깊은 주름살이 초상화를
압도한다.

직접 연락을 주셔서 만나 뵙는 행운을 누리게 된 것이다. 선생은 나에게 조선시대 초상화가 얼마나 꾸밈없이 정교하며 정직하게 제작되었는지를 알려주었다. 일례로 1688년숙종 14 《승정원일기承政院日記》에 기록된 "한 가닥의 털[一毛], 한 올의 머리카락[一髮]이라도 달리 그리면 안 되는" 초상화 제작 지침이 조선시대 전 시기를 관통하며 철저하게 지켜졌음을 강조했다. 그 말을 듣자 정신이 번뜩 들면서 새로운 지평을 보는 듯하였다. 조선시대 초상화가 피사인被寫人의 얼굴을 있는 그대로 그렸다는 놀라운 사실을 알게 된 후 나는 조선시대 초상화와 그 얼굴에

심환지 초상(부분).
19세기 초, 비단에 채색,
149.0×89.2cm,
보물 제1480호,
경기도박물관 소장.
노화 현상이 굉장히
사실적으로 묘사되어 있다.

나타난 피부병변에 더욱 주목하게 되었다.

조선시대 초상화를 연구하면서 처음에는 초상화에 나타난 하나하나의 피부병변에 열광하면서 기쁨을 감추지 못했다. 이때까지는 초상화가 얼마나 정확하고 세밀하게 그려졌는지에 감탄하였다. 하지만 그러기를 몇 번 반복하다가 문득 "왜 조선시대 초상화는 이처럼 피부병변을 가감 없이 표현했을까?"라는 질문을 하게 되었다. 대상 인물을 과시하기 위해 그려지는 일반적인 초상화들과는 달리, 조선시대 초상화는 왜 우아하지 않은 병변을 굳이 '있는 그대로, 보이는 그대로' 그리는 원칙을 고집했는가? 그리고 그것은 당시 시대정신과 어떤 상관관계가 있는가?

초상화에 대한 연구를 더 넓고 깊게 할수록 조선시대 초상화의 사회성에도 주목하게 되었다. 나아가 서양 초상화를 비롯해 중국이나 일본 등 동양 초상화의 미술사적 의미를 짚어보면서 그 역사를 살펴보았다. 각기 다른 문화권의 초상화에 어떠한 피부병변이 나타나는지도 살펴보았다. 그리고 조선시대 초상화가 다른 나라의 초상화와 어떻게 다른가를 의학적 측면에서 비교하면서, 조선시대 초상화만이 가지고 있는 차별성을 알아보았다. 모두 조선시대 초상화에 담긴 정신을 찾기 위한 과정이었다.

놀랍게도 서양 초상화에는 피부병변이 예상보다 적게 나타났다. 동양 초상화의 종주국이라고 할 수 있는 중국 초상화에서도 드물었으며, 일본 초상화의 경우 고승의 초상화를 제외하면 피부병변을 거의 찾아볼 수 없었다. 조선시대 초상화에서만 유독 피부병변이 500년이 넘도록 그대로 표현되었다는 사실에 눈을 뜨고, 그것이 세계 미술사에서 비슷한 사례를 찾아볼 수 없는 독보적인 것임을 알게 된 것이다.

연구를 거듭하면서 다다른 결론은, 다른 나라에서는 화가가 피사인의 얼굴을 화폭에 옮기면서 주관적으로 피부병변을 있는데도 못 본 듯 그리기도 했겠지만, 피사인이 자기 얼굴의 거북스러운 단점을 화폭에 옮기지 말 것을 강하게 원했거나 능동적으로 부탁했을 수도 있다는 것이었다.

반면 조선의 화가들은 피사인의 얼굴에 보이는 피부병변을 우직하리만큼 정직하게 '있는 그대로, 보이는 그대로' 화폭에 옮겼다. 그 결과 자칫 거부감을 줄 수 있는 모습까지도 가감없이 화폭에 담았다. 숨기고 싶었을 자기의 '흠집'을 그리는 데 피사인이 담담하게 묵인, 동의한 결과이기도 하다. 조선 선비들의 정직함, 바로 선비정신의 발현이다.

2. 정직함의 발현, 초상화 속 피부병

미술사학자 이태호 교수는《옛 화가들은 우리 얼굴을 어떻게 그렸나》에서 "조선시대는 초상화의 시대"라고 규정하면서, 그 이유를 "한국 미술사에서 가장 많은 초상화가 그려졌고, 500년 동안 예술성 높은 명작들이 쏟아져 나왔기 때문이다"라고 설명하였다.

선비들은 시서화詩書畵, 즉 시, 글씨, 그림을 선비의 기본 소양으로 여겼다. 그 세 가지에 빼어난 재능을 보인 사람을 '시서화 삼절三絶'이라 하였는데, 표암豹菴 강세황姜世晃, 1713~1791이 대표적이다. 그가 말년인 일흔 살에 그린 자화상에는 나이 든 선비의 편안함이 느껴지는 얼굴과 긴 수염이 사실적으로 묘사되어 있다. 나아가 생기 넘치는 눈동자는 실제 살아 있는 인물을 마주하는 듯 생동감이 넘친다. 봄볕 가득한 날, 마루에 앉아 햇살을 받으며 마당가에 핀 함박꽃을 감상하는 듯 맑고 투명하며 단아하고 청초한 느낌이다. 강세황의 인품마저 느껴지는 것 같다.

강세황이 직접 써넣은 화제畫題 역시 그냥 넘기기에는 범상치가 않다.

> 저 사람이 누구인고? 수염과 눈썹이 새하얀데, 머리에는 사모 쓰고 몸엔 평복을 걸쳤구나. 마음은 시골에 가 있는데 이름이 벼슬아치 명부에 걸린 게라. 가슴엔 천 권 책을 읽은 학문 품었고, 서예 솜씨는 오악을 흔들 만하건만 사람들이 어찌 알리오, 내 재미 삼아 그려본 것임을. 노인 나이는 일흔이고 호는 노죽인데, 자기 초상 제가 그리고 찬문도 스스로 지었으니 이 해는 바로 임인년이라.[被何人斯鬚眉皓白 頂焉帽披野服於以 見心山林而名朝籍 胸藏二酉筆搖五嶽 人那得知我自爲樂 翁年七十翁號露竹 其眞自寫其贊自作 歲在玄翼攝提格]_〈오주석이 사랑한 우리 그림〉, 《월간 미술》

한 점잖은 노인이 가벼운 찬문讚文을 쓰고 나서 쑥스러워하는 모습이 느껴진다. 〈강세황 70세 자화상〉은 그 많은 조선시대 초상화 중에서 공재恭齊 윤두서尹斗緖, 1668~1715의 자화상

강세황 70세 자화상. 강세황, 1782년, 비단에 채색, 88.7×51.0cm, 보물 제590호, 국립중앙박물관 보관.

과 더불어 몇 안 되는 자화상이라는 점에서 미술사적 의미가 남다르다. 그의 자화상에서 우리는 그가 글솜씨가 뛰어났을 뿐만 아니라 그림 실력 또한 대단했음을 알 수 있다. 강세황을 비롯한 많은 선비들은 그림에 탁월한 재능을 보였다. 조선시대에 문인화가 크게 발달한 이유를 여기서 찾을 수 있다.

이처럼 글씨와 그림에 능한 강세황이었으니, 단원檀園 김홍도金弘道, 1745~1806?가 '젖니를 갈 때부터' 그 실력을 일찌감치 알아보고 후원자 역할을 한 것도 우연이 아니다. 강세황의 도움으로 궁중화원이 된 김홍도는 스물아홉 젊은 나이에 영조英祖, 1694~1776, 재위 1724~1776의 어진御眞과 당시 세손世孫이었던 정조正祖, 1752~1800, 재위 1776~1800의 초상을 그리고, 이후 정조의 어진을 그리는 화원畵員으로 성장한다. 김홍도가 조선 회화사에 큰 족적을 남긴 것은 강세황이 멘토로서 김홍도를 발굴하고 그의 성장을 도운 덕분이었다.

이처럼 조선시대 미술사에서 선비들이 한 축을 이루었다면, 국가는 도화서圖畵署라는 관청을 두어 나라에 필요한 그림의 제작을 담당하게 했다. 도화서의 화원들은 임금의 초상인 어진을 그리거나, 나라에서 큰일을 치를 때 그 과정을 자세하게 기록한 의궤儀軌의 도설圖說을 그리고, 또 고위 관리나 공신들의 초상화를 그리기도 했다.

조선시대 회화사에서 초상화가 각별한 의미를 갖는 이유

는 초상화를 그린 이가 선비이건, 화원이건 그들이 수많은 초상화를 그리면서 피사인의 모습을 '있는 그대로, 보이는 그대로' 그 어떤 꾸밈도 없이 화폭에 옮긴 덕분이다. 초상화에서 피부병을 관찰할 수 있는 이유도 그 때문이다.

나는 연구를 진행하면서 모두 519점의 조선시대 초상화를 살펴보았다. 초상화에 나타난 피부병변을 진단함에 있어 공정성을 높이기 위해 피부과학 전문가인 연세대 방동식 교수, 아주대 이은소 교수와 함께 임상진단을 내렸다.

연구 대상인 피부병변의 범위를 정하는 데 있어 사람들이 흔히 혹 또는 점點이라고 하는 색소모반色素母斑, Pigmented nevus, 모반세포성모반母斑細胞性母斑, Nevocellualar nevus과 검버섯, 즉 노인성흑색점老人性黑色點, Lentigo senilis 등은 생명이나 일상생활에는 지장이 없지만 엄격한 의미에서 정상 피부는 아니기 때문에 피부병변으로 간주하였다.

심하게 훼손되어 진단이 불가능한 초상화 다수를 포함하여 전체 초상화를 검토한 결과 스무 가지 피부병변을 관찰할 수 있었다. 그 가운데서 관찰된 횟수가 많은 것들을 순서대로 정리하면 우리가 흔히 점이라고 부르는 후천성멜라닌세포모반Acquired melanocytic nevus 113점, 노인성흑색점 85점, 천연두흉터Smallpox scar 73점, 돌출된 검버섯인 지루각화증脂漏角化症, Seborrheic keratosis 37점, 주사酒皶, Rosacea 13점, 흑색황달黑色黃疸,

위_윤급 초상(부분).
1762년, 비단에 채색,
152.3×82.6cm,
보물 제1496호,
국립중앙박물관 소장.
아래_신임 초상(부분).
18세기 초,
비단에 채색,
72.7×44.8cm,
국립중앙박물관 소장.
윤급 초상에서는 얼굴 곳곳에 있는 점들을, 신임 초상에서는 노인성흑색점과 지루각화증을 관찰할 수 있다.

Icterus melas 9점 순이었다.

그 가운데서 흑색황달을 9점이나 볼 수 있었다는 점이 대단히 놀라웠다. 조선시대에 간肝질환 환자가 오늘날보다 훨씬 많았을 것이라 짐작할 수 있는 대목이다. 얼굴이 검어지는 증상을 보이는 만성간질환은 1970년대에는 주변에서 흔히 볼 수 있었다. 하지만 1980년대 이후 간염백신이 도입되고 전염성 간염에 대한 체계적인 예방접종이 이루어진 결과 현재는 간질환 환자가 크게 줄어들었다. 우리 의학계가 발전하고 예방접종이 획기적으로 확대된 덕분이다. 아울러 노인성흑색점과 지루각화증이 많이 나타나는 것은 초상화의 피사인들이 대부분 나이가 많았다는 점에서 그 이유를 찾을 수 있을 것이다.

천연두 흉터가 묘사된 초상화가 73점이나 된다는 점도 주목할 부분이다. 우리가 무서운 전염병의 대명사로 알고 있는 천연두天然痘, Smallpox는 두창痘瘡, 마마媽媽, 손님병이란 이름으로도 알려져 있다. 서울대학교 의과대학에서 의사학醫史學을 가르치는 김옥주 교수에 따르면 천연두는 4세기에 중국에서 발생하여 737년 신라를 거쳐 일본으로 번졌다고 한다. 윌리엄 맥닐은 《전염병과 인류의 역사》에서 중국의 갈홍葛洪, 283~343이 쓴 《각선용비후비급방》 제2권에 천연두로 보이는 증상에 대한 최초의 기록이 있음을 근거로 4세기경 중국에서 천연두가 유행했을 가능성이 높다고 하였다. 또한 맥닐은 같은 책에서 558년

위_이성원 초상(부분).
18세기 말, 비단에 채색,
138.8×82.3cm,
국립중앙박물관 소장.
아래_조흥진 초상(부분).
19세기 초, 비단에 채색,
60.6×39.1cm,
국립중앙박물관 소장.
두 초상에서 모두
천연두 흉터를
뚜렷하게 확인할 수
있다. 전체 조선시대
초상화 중 천연두
흉터가 나타난 초상은
일곱 개 중 하나
꼴일 정도로 매우
흔하다.

불교를 전하기 위해 일본으로 건너간 백제 사절단에 의해 천연두가 일본에 전파되었을 것이라 추측한다. 김두종의 《한국의학문화대연표》에 따르면 천연두에 관한 한국 최초의 자료는 《삼국사기三國史記》이며, 조선왕조실록朝鮮王朝實錄에 기록된 것만도 50여 회에 이른다. 그 정도로 천연두는 조선시대에도 흔하고 무서운 질병으로 인식되었다. 조선시대 초상화를 '초상화와 천연두'라는 키워드로 고찰하면 다음과 같은 사실이 드러난다.

첫째, 조선시대 초상화 519점 중 약 14퍼센트에 해당하는 73점에서 천연두 흉터를 볼 수 있다. 이 사실을 통해 조선시대에 천연두가 창궐했다는 역학적 사실을 확인할 수 있다. 둘째, 많은 역학 관련 문헌자료에 따르면 17~18세기에는 중국과 일본에서도 천연두가 커다란 사회적 문제였음을 알 수 있다. 그럼에도 불구하고 일본 초상화에서는 천연두 흉터를 전혀 볼 수 없고, 중국 초상화에서도 가끔 나타날 뿐이다.

그 밖에 희귀 피부질환으로 무모증無毛症, Atrichosis, 다모증多毛症, Hypertrichosis, 백반증白斑症, Vitiligo, 비류鼻瘤, Rhinophyma, 오타모반Nevus of ota, 칼자국모양국소경피증En coup de sabre, 원반모양홍반루푸스Discoide lupus erythematousus 등을 확인했으며, 그 밖에 사시斜視, Strabismus 3점, 실명失明 5점 등 총 8점의 안과 관련 질환도 볼 수 있었다. 피부병변은 아니지만 안과 관련 질환이 보이는 초상화가 8점이나 있다는 것 역시 피사인의 얼굴을 있는 그대로 보여주고자 하는 조선시대 초상화의 정신이 충실하게 반영된 결과이다.

총 519점의 초상화 중에서 3분의 1에 달하는 161점은 보존 상태가 나빠서 진단이 불가능했다. 진단 가능한 358점 가운데 피부병변이 보이지 않는 '깨끗한' 초상화는 4분의 1인 90점에 불과하고, 피부병변을 보인 초상화는 268점으로 전체의 4분의 3을 차지했다. 이는 우리 초상화가 얼마나 정직하게 그려졌는가를 뚜렷하게 보여준다. 아울러 다른 나라 초상화는 대부분 피부병변이 묘사되지 않았다는 점을 고려하면, 우리 초상화의 '있는 그대로, 보이는 그대로' 정신의 미술사적 의미는 아무리 강조해도 지나치지 않다.

앞서 말했듯이 조선시대 초상화가 의학적으로도 정확하게 그려졌다는 점은 이미 국제적인 피부과학 학술지가 인정한 사실이다. 다음 장에서는 조선시대 초상화에 얼마나 의학적으로 정확하게 피부병변이 묘사되었는지를 실제 초상화 18점을 중심으로 자세히 살펴보자.

윤두서 자화상과 뒤러 자화상, 어느 쪽이 더 세밀한가

◆

서양 미술에서 세필화가 등장하는 것은 중세 이후 르네상스Renaissance 시대부터이다. 그때부터 직포 캔버스와 오일 안료를 이용하면서 정교하게 그린 초상화가 쏟아져 나왔다. 이전 시대의 화가들은 프레스코fresco라 하여 석회를 바른 벽에 그림을 그렸고, 템페라tempera라고 하여 아교나 달걀노른자로 안료를 녹여 만든 물감으로 나무판에 그림을 그렸다. 이 시기 그림은 대상을 섬세하게 표현하는 데 한계가 있었다. 르네상스시대 이후에도 서양에서는 상대적으로 거친 직포 캔버스에 오일 안료로 채색을 했다. 이에 반해 동양에서는 명주실로 짠 무늬 없는 비단을 바탕으로 사용했고, 비단의 섬세한 마티에르matière에 수성 물감으로 채색했다. 세필화를 제작하는 데에는 동양 문화권이 상대적으로 유리한 조건을 갖추었다고 볼 수 있다.

특히 고려시대의 불화나 조선시대 초상화 등 비단에 그림을 그릴 때는 화면의 뒷면에 색을 칠해 앞면에 비치도록 하는 배채법背彩法이 이용되었다. 배채법은 반투명한 비단의 특성이 잘 드러나는 채색기법으로 은은한 색감이 장점이다. 전신사조傳神寫照라 해서 초상화를 그릴 때 피사인의 모습뿐 아니라 그의 정신까지도 담고자 한 조선시대 초상화에 배채법은 매우 적절한 기법이었다. 뒷면에는 얼굴과 의복의 기본적인 색채를 칠하고, 앞면에는 가볍고 맑은 색감으로 세부적인 묘사를 하여 인물의 표정마저도 생동감 있고 깊이 있게 표현할 수 있기 때문이다. 이로써 초상화의 주인공을 직접 대하는 듯, 그의 영혼마저 느껴지는 그림이 완성되었다.

영조 어진(왼쪽)과 그 뒷면의 배채(오른쪽). 앞면에는 얼굴과 의복이 세밀하게 묘사되어 있고, 뒷면에는 그 바탕이 되는 색이 칠해져 있다.

나는 조선시대 초상화의 세밀도를 알아보기 위해 르네상스시대의 대표적 세필화가 알브레히트 뒤러Albrecht Dürer, 1471~1528의 자화상과 조선시대를 대표하는 초상화인 윤두서의 자화상을 상호 비교해 살펴보았다. 여기서 잠시 윤두서에 대해 알아보자.

윤두서의 호는 공재恭齋이다. 조선 중기의 대학자 윤선도尹善道, 1587~1671의 증손자이자 다산茶山 정약용丁若鏞, 1762~1836의 외증조부이다. 그는 겸재謙齋 정선鄭敾, 1676~1759, 현재玄齋 심사정沈師正, 1707~1769과 더불어 조선 후기의 삼재三齋로 일컬어졌다. 1693년숙종 19 진사시에 합격하였으나 집안이 속한 남인 계열이 당쟁에서 밀려나자 벼슬을 포기하고 학문과 시서화에 매진하며 세월을 보냈다. 1712년숙종 38 이후에

윤두서 자화상. 윤두서, 1710년, 종이에 담채, 38.5×20.3cm, 국보 제240호, 고산윤선도전시관 소장.

알브레흐트 뒤러 자화상. 알브레흐트 뒤러, 1500년, 목판에 유채, 67.1×48.9cm, 독일 고전회화관 소장.

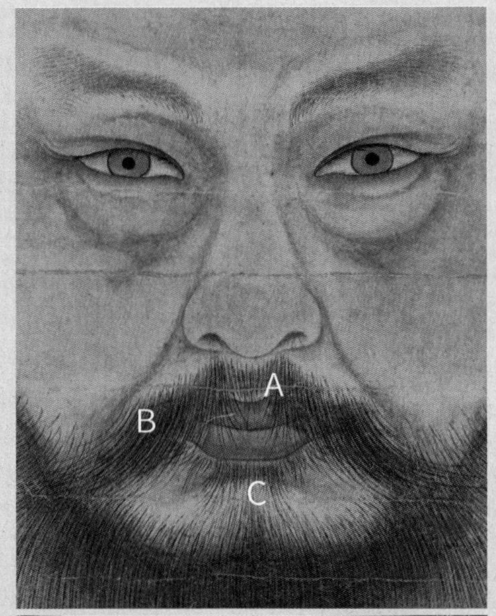

윤두서 자화상(위)과
뒤러 자화상(아래) 비교.
얼굴 부분을 같은 크기로
조정한 뒤 각 부분의 면적당
분포하는 털의 개수를
조사해 세밀한 정도를
비교하였다.

는 고향 해남으로 돌아왔고 1715년숙종 41 나이 마흔여덟에 세상을 떠났다. 그는 해남 윤씨라는 유력 가문의 종손으로서 막대한 재산을 바탕으로 학문과 그림에 몰두했던 것으로 보인다. 자화상 외에도 〈채애도採艾圖〉, 〈선차도旋車圖〉, 〈백마도白馬圖〉 등 수많은 작품을 남겼다.

〈윤두서 자화상〉은 초상화로는 드물게 국보로 지정되어 있는, 조선시대 초상화의 대표작이다. 뒤러가 1500년에 그린 〈알브레히트 뒤러 자화상〉 역시 당시 국제적인 명성을 얻고 있던 그의 대표작 중 하나이다. 나는 피부과 전문의 강홍규와 함께 두 사람의 자화상이 얼마나 정교하게 그려졌는지를 수량적으로 비교, 분석했다. 그 결과 윤두서의 자화상이 뒤러의 자화상보다 세밀하게 그려졌다는 것을 수치로 증명할 수 있었다.

연구의 객관성을 높이기 위해 〈윤두서 자화상〉과 〈알브레히트 뒤러 자화상〉을 동일한 크기로 조정한 뒤, 털의 밀도가 높은 부위 A, B, C 세 부분을 정해 각각 2제곱센티미터당 분포하는 털의 개수를 세었다. 조사 결과 각 지점의 털 개수는 윤두서는 A 25개, B 28개, C 27개였고 뒤러는 A 12개, B 17개, C 16개였다. 또한 검사 부위 세 곳을 평균한 수치는 윤두서 26.66개, 뒤러 15개였다. 그려진 털의 개수를 이와 같이 면밀히 조사한 결과 윤두서가 뒤러보다 더 정교하게 그렸다는 것을 확인할 수 있었다. 이와 관련하여 이태호 교수와 화가 김호석은 2011년 5월 27일 방영한 〈역사스페셜 - 공재 윤두서의 초상화의 비밀〉에서, 윤두서가 붓을 만들 수 있는 털 중 가장 가늘고도 빳빳한 쥐수염으로 제작한 서수필鼠鬚筆을 사용한 덕분에 그 같은 세밀한 묘사가 가능했을 것이라고 추정한 바 있다. 이처럼 세밀하게 묘사한 덕분에 조선시대 초상화에서는 피부병변의 진단까지 가능한 정교함을 지니게 된 것이다.

Ⅱ장

개국 군주에서부터 망국의 지사까지

1. 태조 어진

개국 군주의 얼굴에 흠집을 남기다

조선을 건국한 태조太祖 이성계李成桂, 1335~1408, 재위 1392~1398의 초상은 건국 초부터 왕실의 정통성을 과시하고 왕권을 강화하기 위해 다양한 형상으로 그려졌다. 왕의 초상화를 어진이라 하는데, 태조의 어진은 건국자라는 중요도에 걸맞게 한양을 비롯해 이성계의 출신지인 영흥, 그 외 평양, 개성, 경주, 전주 등 전국 곳곳의 사당에 봉안되었다. 그러나 대부분의 〈태조 어진〉은 계속되는 변란과 전쟁으로 소실되어 사라졌다. 그 결과 현재 전하는 〈태조 어진〉은 전주 경기전慶基殿 봉안본뿐이다.

전주 경기전 안내판에는 〈태조 어진〉에 관해 다음과 같은 글이 있다.

태조 어진. 조중묵·박기준 등, 1872년 모사, 비단에 채색, 218×150cm, 국보 제317호, 전주 경기전 소장.

태조 어진국보 제317호은 건국자의 어진이라는 점에서 조선왕조를 상징한다. 《명종실록明宗實錄》에 의하면 태조 어진은 26축이 있었다고 기록되어 있지만, 현재 남아 있는 것은 경기전의 태조 어진이 유일하다. … 태조는 기록에 의하면 키가 크고 몸이 곧바르며, 큰 귀가 아주 특이하다고 하였다. 태조 어진을 보면 넓은 광대뼈에 눈과 입이 작으며 양쪽 귀가 큰 모습이다. 오른쪽 눈썹 위에는 사마귀가 그려져 있어 사실적 묘사에 치중했음을 알 수 있다.

'오른쪽 눈썹 위에는 사마귀가 그려져 있어…'라는 글귀가 눈에 띈다. 다시 어진을 자세히 살피니 정말로 오른쪽 눈썹 위에 지름 약 0.7~0.8센티미터 크기의 작은 혹, 즉 모반세포성모반母斑細胞性母斑, Nevocellualar nevus이 있다. 참으로 가슴 벅찬 장면이 아닐 수 없다. 2012년 서울에서 개최된 세계피부과학회의 '미술을 사랑하는 피부과 교수들의 모임'에서 한국 초상화에 대해 강의했을 때, 나는 〈태조 어진〉에 나타난 이마의 혹을 보여주었다. 그 자리에 함께했던 세계 각국의 피부과 의사들은 14세기 개국 군주의 얼굴에, 흠집이라 볼 수 있는 혹을 그려 넣은 사실에 대해 경탄해 마지않았다.

〈태조 어진〉을 연구한 강철배에 따르면 지금 전하는 전주 경기전의 〈태조 어진〉은 태조 재위 당시 제작된 어진을 1409년

태조의 이마 오른쪽 눈썹 위에 작은 혹이 보인다. 개국 군주의 얼굴을 그리면서 저런 흠집을 남기려면 피사인, 즉 태조가 동의하지 않고는 불가능했을 것이다.

태조 어진. 조석진·채용신 등, 1900년 모사, 비단에 채색, 잔존 화면 217.5×72.5cm, 국립고궁박물관 소장. 태조의 장년 시절을 그린 초상이나 불에 타 반만 남아 있다.

태종 10 모사했다가 1763년영조 39에 수리한 후 1872년고종 9에 조중묵趙重默, ?~? 등이 다시 모사한 것이라고 한다. 이처럼 여러 차례 모사가 이루어졌으니 모사본이 진본에 비하여 정확도가 떨어질 것이라 생각할 수 있다. 그러나 이마 부위에 묘사된 작은 혹은 비록 모사를 했다 해도 원작의 실사성實寫性이 그대로 유지되었음을 웅변한다.

〈태조 어진〉의 진본이 그려진 시기가 건국 초인 14세기 말이라는 점을 감안한다면, 그 시기부터 이미 '있는 그대로, 보이는 그대로'라는 조선시대 초상화의 제작 원칙이 확립되어 철저하게 지켜졌다는 사실을 알 수 있다.

어진을 그린다는 것은 최고의 국사國事라 할 수 있다. 그처럼 중요한 어진을 그리는데, 그것도 개국한 임금의 것을 그리는데 이마의 혹까지도 표현한 것은 어진의 피사인인 임금, 그리는 화가, 그리고 감독을 맡은 감독관까지 누구도 그 점에 대해 이의를 제기하지 않았어야 가능한 일이었다.

2. 홍진 초상

주먹만큼 부풀어오른 코,
코주부 선비의 고뇌

이 초상화의 인물을 보면, 코가 유난히 비대하여 정상적인 모습이 아니다. 임상적으로 비류鼻瘤, Rhinophyma로 판단할 수 있다. 비류는 양 볼에 붉은 홍반紅斑, Erythema이 생기는 주사酒皶, Rosacea가 코가 커지는 증상으로 진행된 것을 가리키는데, 딸기코종이라는 이름으로도 불린다.

초상화의 주인공은 조선 중기의 문신인 인재認齋 홍진洪進, 1541~1616이다. 1592년선조 25 임진왜란이 일어나자 의주로 파천한 선조宣祖, 1552~1608, 재위 1567~1608를 보필하였고, 다음 해에 왜군을 무찌르고 한양을 되찾자 오늘날의 서울시장에 해당하는 한성판윤이 되어 폐허가 된 수도를 수습하고 백성들을 구휼

홍진 초상. 1604년, 비단에 채색, 162.7×92.2cm, 개인 소장.

홍진의 얼굴에서 비대하게 부풀어 오른 코가 눈에 띈다. 보기에 흉할 뿐만 아니라, 일상생활에도 지장이 있었을 것이다.

하기도 했다. 실록에도 홍진에 대해 "임진년 변란 때에 어려운 길을 임금을 수행하여 충성과 노고가 가장 현저하였다"라고 쓰여 있어 그의 역할이 컸음을 알 수 있다. 1604년선조 37에는 이원익李元翼, 1547~1634 등과 함께 호성공신扈聖功臣 2등에 책봉되었고, 지금 전하는 〈홍진 초상〉도 그때 제작된 것으로 보인다.

그로부터 2년 뒤인 1606년선조 39 9월 1일자 《선조실록宣祖實錄》에 콧병이 심하니 벼슬에서 물러나게 해달라는 홍진의 청이 실려 있다. "신臣은 나이가 이제 66세이고 병이 몸에서 떠나지 않는 데다가 코에 혹이 생겨 모양이 보기 흉한데 세월이 갈수록 더하니 고치지 못할 것을 스스로도 압니다. … 깊은 고질

병이 되었으므로 의술이 효험이 없었습니다." 2년 전에도 이미 그림에서 드러나듯 비류가 심각했으니, 그 사이에 병은 훨씬 더 악화되었을 것이다. 하지만 선조는 "그 내용은 살펴보았다. 경은 편한 마음으로 조리하고 사직하지 말라"고 답을 내렸다. 보기 흉한 외모에 개의치 않고 신하를 먼저 생각한 것이다.

〈홍진 초상〉을 처음 보았을 때, 수 년 전 진료실에서 만난 노신사를 떠올렸다. 그분은 우리나라 기독교계를 대표하는 분이기도 했는데, 환자의 벌건 코끝의 염증이 대단했다. 고름도 보였다. 임상적으로 2차 감염된 비류, 즉 염증이 심한 딸기코였다. 그런데 환자의 첫마디가 이러했다.

"나는 술은 평생 입에도 안 댔는데…."

원로 기독교인이라 오해받고 싶지 않다는 심정을 간과할 수 없었다. 내가 "술과는 무관합니다" 하니 환자는 웃음을 지으며 편안해하였다. 딸기코가 주정뱅이의 상징처럼 여겨지고, 비류를 다른 이름으로 술 주酒 자를 써서 주사비酒皶鼻라고도 하는 데서 알 수 있듯, 이 질환이 전적으로 음주가 이유인 것으로 알고 있는 이들도 있다. 그러나 실제로는 피부의 기름샘이 비대해지는 것이 문제로, 음주가 증상을 악화시킬 수는 있으나 근본적인 병인은 아니다. 내가 만났던 그 환자는 항생제로 쉽게 염증을 치료했지만, 딱히 치료할 방도를 찾을 수 없었을 먼 옛날의 선비 홍진은 얼마나 고뇌하며 괴로워했을까 싶다.

3. 김새신 초상

민둥민둥한 얼굴, 내시의 초상

2012년 5월에 한국학중앙연구원 장서각에서 드물게 조선시대 회화사의 한 축을 이루는 '조선의 공신功臣' 초상화전이 열렸다. 조선왕조 고비고비마다 나라를 구한 공신들의 초상화를 둘러보며 역사 속으로 자연스레 끌려들다 문득 한 초상화 앞에서 발걸음을 멈추었다. 주인공의 입과 턱 부위에 수염이 없어 민둥민둥했다. 혹시 온몸에 털이 없는 전신성무모증全身性無毛症, Alopecia totalis 환자일까? 그런 생각을 하면서 자세히 살펴보니, 관모官帽 밑으로 머리카락과 눈썹이 보였다. 그렇다면 전신성무모증은 아니다.

그때 전시 안내인의 설명이 들려왔다. 설명에 따르면 이

김새신 초상. 1604년, 비단에 채색, 153.0×81.3cm, 93뮤지엄 소장.

장년의 남성임에도 얼굴에서 수염을 전혀 찾아볼 수 없다. 이로 미루어 초상의 주인공이 내시임을 알 수 있다.

초상화는 1604년선조 37에 그려진 김새신金璽信, 1555~1633의 호성공신화상扈聖功臣畵像이었다. 김새신은 임진왜란이라는 큰 혼란기에 내시로서 선조를 지극히 모신 공로를 인정받아 공신에 오르고 낙성군樂城君에 봉해졌다고 한다. 다만 이 초상화 속의 인물이 김새신인지는 추정만 가능할 뿐이다. 확실한 근거가 없다. 그래서 김새신의 초상화를 전시할 때 편찬된 도록《조선의 공신》에도 다음과 같이 적혀 있다.

'김새신 호성공신화상'은 엄밀히 말해 그림 속의 주인공을 김새신으로 볼 수 있는 근거가 없다. 그림에는 아무 글씨도 쓰지 않았다. 다만 수염이 그려져 있지 않아 이 화상의 주인공이 내시의 신분임에는 틀림이 없다고 믿어진다. 이 화상은 김새신의 후손들에 의해 전승되어 왔다는 전언傳言이 있지만, 후손의 가계는 물론 현재의 후손이 누구인지가 명확히 파악되지 않는다. 따라서 이러한 사실이 확인될 때까지 이 화상은 '전 김새신 호성공신화상'으로 표기하고자 한다.

내시는 어린 아이의 남성성을 인위적으로 거세함으로써 내분비계 호르몬을 교란시켜 여성화한 남자를 말한다. 그들은 주로 궁궐에서 임금과 왕족들을 시중하는 잡무를 맡으며 일생을 보냈다. 내 눈앞의 초상화는 당시 내시들의 마음 아픈 사연이 고스란히 담긴 모습이었던 셈이다.

김새신은 일흔아홉 살까지 장수했다고 전한다. 생명공학 연구자인 이철구의 연구 결과에 따르면, 조선시대 내시들은 거세하지 않은 비교군보다 14.4~19.1년을 더 살았다. 심지어 김새신은 조선시대 내시의 평균 수명인 만 70.00±1.76세보다 더 오래 살았다. 이로 미루어 보면, 김새신과 내시들이 당시로서는 상대적으로 장수하였다는 것을 알 수 있다.

나무불상에 담긴 내시 아내의 애달픈 사연

◆

한 일간지에 "내시 남편 위한 불상 발견"이라는 글과 함께 실린 나무불상 사진을 보고 적잖이 놀랐다. 기사에 따르면, 불교미술사학으로 박사학위를 받은 최선일 문화재청 문화재 감정위원이 국내 한국미술사학회 기관지 《미술사연구》에 "속초 보광사寶光寺 목조지장보살좌상과 조각승彫刻僧 초안草案"이라는 연구 결과를 발표하면서 보존 상태가 매우 훌륭한 1654년효종 5의 목조 불상을 발견했음을 밝혔다. 그 자체로도 역사적, 학문적 의미가 있지만 조사할 때 그 복장腹藏, 부처나 보살상 복부에 공양물을 넣은 공간에서 누가 언제 무슨 일로 발원해 만들게 됐는지를 정리한 발원문과 그 이후 이를 언제 누가 수리하게 됐는지를 밝혀 주는 중수문서를 아울러 발견했다고 하니 미술사 연구에 더할 나위 없이 귀한 자료를 찾아낸 것이다.

특히 최선일 박사에 따르면 내시를 위해 만든 불상이 발견된 건 이번이 처음이라고 한다. 최선일 박사는 또한 "극락에 가서 환생하여 함께 아미타부처님을 뵈옵기를 간구하며 내시였던 남편, 숭록대부崇祿大夫 나업羅業이 죽자 부인 한씨韓氏가 조각승인 초안에게 불상을 만들게 한 것이다"라는 기록을 제시하면서, 당시 불상을 만드는 것이 쉬운 일이 아니었다는 것을 감안하면 "나업이 다른 내시들처럼 상당한 권력과 재력이 있었다는 것을 추측할 수 있다"라고 덧붙였다. 내시 남편을 지극정성으로 섬긴 아내의 애달픈 사연이 가슴에 와 닿았다.

대부분의 내시는 선천적으로 타고나지 않았다. 그렇다면 조선시대에는 어떻게 거세 수술을 했을까? 외과적 시술을 염두에 둔 이런 질

속초 보광사 목조 지장보살좌상. 1654년, 높이 46cm, 무릎 너비 30.5cm. 강원도 속초시 보광사 소장. 통나무 하나로 만든 일목식一木式이다. 사진제공 최선일

문을 받을 때면 마음이 무거워진다. 물론 드물게는 선천성인 경우도 있었을 것이다. 그러나 대부분의 경우 가난한 집안에서, 또는 권력에 눈이 먼 집안에서 부와 권력을 얻을 욕심에 인위적으로 남자아이를 거세했다. 부끄러운 역사의 산물이다. 내시를 만들 때는 갓 태어난 아이가 통증을 제대로 못 느낄 때 말총말의 꼬리털으로 사내아이의 고환 밑 부위를 조여 고환을 괴사시켰다고 한다. 요컨대 남성호르몬의 분비 가능성을 영구히 배제시킨 것이다. 어른들의 비윤리적이고 비인간적인 행위의 부끄러운 결과물이다.

내시와 함께 사는 자신의 서러움보다, 옆에서 지켜본 남편의 비애에 얼마나 큰 슬픔을 느꼈으면 극락에 가서 부부의 정을 다시 나누며 이승에서 못 다한 아쉬움을 달래자고 했을까? 그 염원이 얼마나 간절했으면 죽은 남편을 위해 큰돈을 시주해가며 대자대비한 보살인 지장보살상을 만들어 달라고 했을까? 이런 생각을 하니 그 부인의 절규하는 불심佛心이 측은하게 느껴졌다.

4. 장만 초상

애꾸눈의 두 전쟁 영웅, 서로 다른 초상화

500여 점의 조선시대 초상화 가운데 검은 안대를 한 인물을 그린 그림이 있다. 장만張晩, 1566~1629의 초상화다. 장만은 선조, 광해군光海君, 1575~1641, 재위 1608~1623, 인조仁祖, 1623~1649, 재위 1595~1649 때 문신보다는 무신으로 이름을 떨친 인물이다. 호는 낙서洛西이다. 특히 1624년인조 2 이괄의 난에서 활약하였다. 당시 이괄의 군대는 후금의 침공을 막기 위해 배치되어 있던 정예군이었던 탓에 난 초반에 관군은 연전연패해 한양까지 내주었다. 하지만 장만과 정충신鄭忠信, 1576~1636은 패잔병들을 수습해 한양으로 향했고, 도성 돈의문 밖 안산 자락에서 벌어진 전투에서 기적적으로 승리를 거두어 난을 진압하게 된다.

장만 초상. 1624년, 비단에 채색, 240×113cm, 경기도박물관 보관.

그런데 장만은 이괄의 난 때 군중에 있으면서 눈병을 앓아 왼쪽 눈을 실명하고 말았다. 이후 진무공신振武功臣 1등으로 책록되어 공신상功臣像을 하사받았는데, 바로 이 공신상에 검은 안대가 그려진 것이다. 한쪽 눈이 먼 인물을 그린 조선시대 초상화는 여러 점이 알려져 있다. 조선 초기의 작품으로는 문신 최용소崔龍蘇, ?~1422의 초상화가 있고, 후기에는 기행으로 유명한 화가 호생관毫生館 최북崔北, 1720~?의 초상화 등이 대표적이다. 하지만 안대를 한 초상화는 이 〈장만 초상〉 단 한 작품뿐이다. 중동전쟁에서 검은 안대를 하고 이스라엘을 승리로 이끈 모세 다얀이 생각나기도 하는 모습이다.

장만의 초상화를 보고 있으니 러시아에서 보았던 또 다른 전쟁 영웅의 초상화가 떠올랐다. 나폴레옹 전쟁 당시 러시아군의 총지휘관으로서 나폴레옹의 침략에 맞서 나라를 지켜낸 장군, 미하일 쿠투초프Mikhail Kutuzov, 1745~1813의 초상화다. 그 역시 젊은 시절 전쟁에서 오른쪽 눈을 잃었으나, 지금 전하는 초상화들을 봐서는 그 점을 알아차리기 쉽지 않다. 러시아를 위기에서 구해낸 장군답게 초상화 역시 여러 점이 제작되었음에도, 거의 언제나 몸을 오른쪽으로 튼 자세로 그려져 얼굴의 오른쪽이 거의 보이지 않기 때문이다. 초상화에 따라서는 실명한 오른쪽 눈이 눈동자 없이 희게 표현된 것이 언뜻 보이기는 하지만, 한눈에 알아채기는 쉽지 않다.

미하일 쿠투초프 초상.
로만 볼코프,
1812년 이후,
캔버스에 유채,
75×64 cm,
러시아 가치나궁전 소장.
오른쪽으로 고개를 틀어
실명한 오른쪽 눈을
살짝 가린 채 초상화를
그렸다.

서양의 초상화에서 인물의 측면상이나 정측면상을 그리는 것은 드문 일이 아니지만, 매번 같은 자세로 초상화를 그린 경우는 많지 않다. 결국 쿠투초프의 초상화의 일관된 포즈는 실명한 눈을 자연스럽게 가리기 위한 방편이었다고 할 수 있다. 똑같이 실명한 전쟁 영웅을 피사인으로 삼아 그렸어도, 검은 안대를 훈장처럼 크게 그린 〈장만 초상〉을 남긴 조선과는 참 대조되는 초상화 문화인 셈이다.

5. 이시방 초상

말굽에 채인 상처일까, 피부병의 흔적일까

이시방李時昉, 1594~1660은 조선 중기의 문신으로 형조·호조·공조의 판서를 지냈다. 호는 서봉西峯이다. 이괄의 난을 평정하고 정묘호란 때에 공을 세웠으며 현종顯宗, 1641~1674, 재위 1659~1674 때 공조판서로서 호남 지방에 대동법을 실시할 것을 주장했다. 병자호란으로 피해를 입은 남한산성을 보수하는 데 힘을 기울이기도 했다.

몇 년 전 대전시립박물관을 방문했을 때 이시방의 초상화를 본 적이 있다. 이시방의 초상화는 보물 제1482호로 지정된 전신상全身像 외에도 반신상半身像과 초본, 노년본 초본 등 여섯 본이나 전한다. 그런데 초상화 여섯 본 모두 이마 부위에 주위

이시방 초상. 1625년, 비단에 채색, 169×93cm, 보물 제1482호, 대전시립박물관 보관.

이시방 초상의 얼굴을 확대해서 보았다. 왼쪽 이마에 칼자국처럼 보이는 상처가 뚜렷하다.

의 정상적인 피부보다 검게 묘사된, 마치 칼에 베인 것 같은 흉터가 그려져 있다. 이 흉터가 이시방의 초상화를 대표하는 특징이기라도 한 듯 그려 넣은 것이다.

이시방의 자손들에게 전해내려 오는 이야기에 따르면 이시방의 이마에 난 흉터는 그가 어렸을 때 말굽에 채여서 생긴 것이라고 한다. 그러나 어릴 때는 두개골도 상대적으로 연약하니 이런 흉터가 남을 정도의 충격이라면 치명적인 중상을 입었을 것이며, 두개골 함몰 현상도 남았을 것으로 판단된다. 하지만 초상화에 그런 흔적은 보이지 않는다.

피부과 의사들은 이시방의 초상화들에 묘사된 것과 같은

이시방 초상 노년본 초본.
17세기 중엽, 비단에 채색,
54.5×30.9cm,
대전시립박물관 보관.
주름살 가득한 얼굴이
세월의 흐름을 느끼게
하지만 왼쪽 이마의 흉터는
그대로다.

피부병변을 보면 임상적으로 칼자국모양국소경피증이라는 진단을 내린다. 피하의 섬유 조직이 신축성을 잃어가는 현상을 경피증硬皮症이라고 하는데, 피부가 가죽처럼 된다고 해서 공피증鞏皮症이라고도 한다.

여러 형태의 국소경피증 중에서도 얼굴의 칼에 베인 듯한 피부병변에 프랑스 의료진은 '칼에 베인 상처'라는 뜻의 '앙 꾸드 사브르En coup de sabre'라는 이름을 붙였고, 그 절묘한 표현이 진단명으로 자리 잡았다. 오늘날 전문의들은 이 임상진단명을 통상적으로 사용한다. 이시방의 이마에 남은 흉터 또한 이에 해당하는 것이 아닐까 생각해본다.

클레의 작품에 스민 전신성경피증의 고통

◆

작가의 정신건강 상태가 가장 잘 나타난 미술 작품으로는 빈센트 반 고흐Vincent Van Gogh, 1853~1890가 자신의 한쪽 귀를 자해하고 붕대로 감은 모습을 그린 자화상과 에드바르 뭉크Edvard Munch, 1863~1944의 〈절규〉가 있다고 생각한다. 이 두 작품은 작가의 심리를 극명하게 드러내 보여준다.

“나는 내가 무엇을 먹는지는 알아도 무슨 짓을 하는지는 모른다”라고 서슴없이 말했던 살바도르 달리Salvador Dali, 1904~1989의 작품을 보노라면 그의 내면세계에서 천재성과 광기의 차이를 과연 어떻게 구별해야 할지 혼란스럽기만 하다. 그 외에도 작가의 정신건강 상태 또는 성격이 어떻게 그들의 작품에 표출되었는지는 아메데오 모딜리아니Amedeo Modigliani, 1884~1920, 카임 수틴Chaim Soutine, 1894~1943 등의 작품들에서 어렵지 않게 엿볼 수 있다. 그러나 작가의 정신이나 성격이 아닌 신체 조건은 작품을 통하여 알기 어렵다. 예를 들어 극심한 신체 장애를 갖고 있었던 앙리 드 툴루즈-로트렉Henri de Toulouse-Lautrec, 1864~1901의 작품에서 그의 신체적 부자유스러움을 짐작할 수는 없다.

예외적으로, 야수파Fauvism의 대표작가 앙리 마티스Henri Matisse, 1869~1954는 여든여섯의 나이로 생을 마감하기 전 10여 년 동안 유화 작업을 떠나 가위로 종이를 잘라 풀로 붙이는 파피에 데쿠페Papiers découpés에 몰두했다. 서양 미술사의 새로운 이정표를 만들었던 마티스의 이러한 작업은 그가 더 이상 섬세한 유화 작업을 할 수 없을 정도로 거동에 제약을 받게 되자, 신체적 한계를 극복하면서 마지막 예술

야성의 사나이.
파울 클레, 1922년,
캔버스에 유채,
58.6×38.8cm
독일 렌바흐미술관 소장.
환상, 절제 그리고
섬세함을 보여준다.

혼을 불사른 표징으로 잘 알려져 있다.

마티스가 늙음에 맞서 예술을 계속해나갔다면, 파울 클레Paul Klee, 1879~1940는 죽음에 이르는 병마와 싸우면서 고뇌하는 모습을 남겨 또 다른 감동을 준다. 클레는 독일인 아버지와 스위스인 어머니 사이에서 태어났는데, 예순두 해의 생애 동안 독일 화단에서 활발하게 활동한 것으로 알려져 있다. 그러나 그가 정신적 고뇌와 육체적 고통을 겪으면서도 작품 활동에 혼신을 다하였던 작가라는 점은 그다지 잘 알려져 있지 않다.

클레의 꿈꾸는 듯 몽롱한 바탕색의 우주적이면서도 기하학적인 작품은 수많은 이들을 매료시켰다. 나도 많은 클레 애호가 중 한 사람이었다. 그런데 클레가 사망하기 전 5년 동안은 유화 작업이 뜸해졌고, 작품 구성에서도 뾰족한 연필로 자를 대고 그린 듯한 섬세함을 차츰 볼 수 없게 되었다는 점을 깨달았다. 처음에는 그것이 나이가 들어감에 따른 변화려니 생각하였다.

하지만 이후 클레가 그 시기에 병을 앓고 있었다는 것을 알게 되었다. 그러자 나는 그 무렵 클레가 남긴 수많은 드로잉 작품에서 클레가 병마와 싸우면서 얼마나 긴 고통의 나날을 보냈는지를 느낌과 동시에, 클레의 삶을 새로이 조명할 수 있었다. 클레가 생의 마지막 5년 동안 시달린 질환은 실로 희귀하고 무서운 것이었다. 바로 전신성경피증全身性硬皮症, Generalized scleroderma이었다.

전신성경피증은 정체가 확실하게 밝혀지지 않은 질병이다. 일단 발병하면 피부 조직 내의 교원섬유Collagen fiber가 서서히 과다하게 증가하면서 피부가 딱딱하게 굳어 마치 가죽처럼 변해간다. 코끝이 뾰족해지고, 입이 작아지고, 얼굴 피부의 주름살이 없어지고, 손발의 피부가 가죽처럼 굳어지면서 손가락 놀림이 어려워진다. 그 외에 폐, 심장, 신장 등과 같은 체내 기관도 교원섬유의 증식으로 기능이 약화된다. 특히 밖으로는 가슴 피부가 굳어져 마치 갑옷을 입은 듯 조이고, 안으로는 폐 조직이 굳어져 호흡 곤란이 점점 심해진다. 결국에는 죽음에 이르게 된다.

사람의 건강을 위협하는 수많은, 그리고 여러 형태의 몹쓸 병들이 있다. 하지만 클레가 앓은 전신성경피증은 특히 무서운 질병이다. 일반적인 질병들은 병이 잠시 호전되는 시기가 있다. 그러나 전신성경피증은 지루할 정도로 서서히, 하지만 악화 일변도로 진행되면서 환자

대천사. 파울 클레, 1938년, 황마에 유채, 100×65cm, 독일 렌바흐미술관 소장.
병이 많이 진행된 시기의 작품이다. 클레의 몽환적인 색감은 그대로지만 특유의 섬세함은 많이 둔화되었다. 그는 천사를 그리면서 무엇을 생각하였을까.

61세의 파울 클레.
1939년의 사진이다. 나이가 들고 야위면 얼굴에 주름이 생기기 마련인데 클레의 입 주위에는 큰 주름이 전혀 보이지 않는다.

에게 고통을 준다. 5년에 걸쳐 천천히 죽어간다는 것이 얼마나 큰 스트레스인지는 짐작이 되고도 남는다. 클레는 자신의 작품에 긴 세월 병마와 부단히 싸운 흔적을 고스란히 남겼다. 그래서인지 그의 작품을 볼 때마다 가슴이 저려온다.

클레가 병에 걸렸다는 첫 징후는 1935년 미열과 함께 온몸이 무거워지는 피로감으로 나타났다. 그 후 1년여가 지나 피부 조직의 경화 증상이 나타나자 전신성경피증이란 진단이 내려졌다. 오늘날에는 대증요법과 함께 제한적이지만 교원섬유의 증식을 억제하는 치료 방법이 있어서, 경우에 따라서는 완치에 가까운 임상 효과를 보기도 한다. 그러나 1930년대에는 그런 치료는 전혀 기대할 수 없었다. 자기 몸이

끝까지 견디어 내자!
죽음을 눈앞에 둔 1940년의 스케치로, 입술을 깨물고 눈을 부릅뜨고 각오를 새롭게 하는 모습이 보인다. 느낌표에서 환자의 마지막 절규가 전해온다.

서서히 굳어가는 것을 그저 지켜볼 수밖에 없었을 클레의 심정은 어떠했을까. 그가 사망한 해인 1940년에 남긴 거의 마지막 드로잉에서는 온몸이 무엇엔가 휩싸여 몸부림치는 모습을 볼 수 있다. 작품 밑에 쓰인 제목 "끝까지 견디어 내자!durch halten!"라는 짧은 말은 그가 마지막까지 얼마나 고통스럽게 병마와 싸웠는지를 잘 보여준다. 특히 느낌표는 애절함 그 자체다.

특유의 환상적인 분위기 속에 그 심성을 볼 수 있는 클레의 대표작들 못지않게, 말년의 작품과 드로잉들 또한 전신성경피증에 의한 극도의 고통과 정신적 시달림을 끝까지 극복하려는 불굴의 예술혼을 볼 수 있는 특별한 예술이 아닐까.

6. 오명항 초상

어두워진 얼굴빛, 죽음의 그림자

오명항吳命恒, 1673~1728은 조선 후기의 문신으로 호를 모암慕菴, 영모당永慕堂이라고 했는데, 1709년숙종 35부터 관직에 몸을 담아 이조좌랑, 경상도·강원도·평안도의 관찰사 등을 거쳤다. 본래 소론에 속했던 그는 영조가 즉위하자 사직하였으나, 정미환국으로 다시 조정에 복귀하여 이조판서, 병조판서를 역임하였다. 1728년영조 4에 이인좌의 난이 일어나자 영조의 명을 받아 사도도순무사로서 난을 진압하여 분무공신奮武功臣 1등으로 책록되었고 우의정의 자리에 올랐다. 하지만 몇 달 뒤 쉰여섯 살로 생을 마감하였다.

일본의 덴리대학도서관이 소장하고 있는 〈오명항 초상〉

오명항 초상. 1728년, 비단에 채색, 51.2×39.5cm, 일본 덴리대학도서관 소장.

을 처음 본 것은 1980년대 초였다. 그때만 해도 나는 초상화 하면 피사체인 주인공의 모습이 화려하지는 않더라도 우아할 것이라는 '편견'에 젖어 있었는데, 이 그림을 보고 깜짝 놀랐다. 초상화 속의 오명항은 안면이 온통 천연두 흉터로 덮여 있으나, 그 때문에 놀란 것은 아니었다. 지금은 거의 볼 수 없지만 1950~1960년대만 해도 주변에서 천연두 흉터가 있는 사람을 어렵지 않게 볼 수 있었고, 조선시대 초상화에서도 천연두 흉터가 묘사된 경우는 많이 있기 때문이다. 나를 정말로 놀라게 했던 것은 엄청나게 검은 얼굴빛이었다. 〈오명항 초상〉에는 간경변증Liver cirrhosis, 肝硬變症의 말기 증상인, 피부가 아주 검게 변하는 흑색황달黑色黃疸, Icterus melas이 여실히 드러나 있었다.

오명항의 다른 초상화인 오명항의 분무공신상을 보면서 또 놀란 것은 두 초상화가 같은 해에 제작되었다는 사실이었다. 바로 1728년, 오명항이 사망한 해이다. 분무공신상에 나타난 안면 피부 색깔을 보면 황달黃疸, Ikterus 기는 보이지만 흑색황달까지는 아직 진행이 안 된 상태이다. 그에 반해 앞에서 본 덴리대학도서관 소장 초상화는 안면이 아주 검게 그려졌다. 즉, 분무공신상이 제작된 후 간경변증이 급격하게 악화되었고, 그 이후 덴리대학도서관 소장 초상화가 그려진 것으로 볼 수 있다.

오명항의 초상화를 비롯해 대부분의 초상화들이 피사인의 생의 거의 마지막 순간에 이르렀을 때 그려졌다는 점을 감

오명항 분무공신상. 1728년, 비단에 채색, 173.5×103.4cm, 보물 제1177호, 경기도박물관 보관.

오명항 분무공신상(위)과
일본 덴리대학도서관 소장
오명항 초상(아래) 비교.
얼굴빛이 놀라울 정도로
검게 변해, 짧은 시간 안에
병이 급속히 진행되었음을
알 수 있다.

안하면, 초상화에 나타난 다양한 증상들은 생의 마지막을 앞둔 시점에 나타난 임상증상이라 볼 수 있다. 이 또한 조선시대 초상화의 별난 특징이라 할 수 있을 것이다. 오명항의 초상화를 보면서 나는 조선시대 초상화에서 주인공의 사인을 파악하면 한 시대의 역학 연구도 가능하겠다는 생각을 하게 되었다.

덴리대학도서관 소장 〈오명항 초상〉의 또 다른 특징인 천연두 흉터는 앞서 말했듯 다수의 다른 초상화에서도 확인할 수 있다. 김옥주 교수는 《의사학》 제2권에 발표한 〈조선 말기 두창의 유행과 민간의 대응〉이라는 논문에서 조선시대에 천연두가 자주 창궐하였다는 사실을 논증한 바 있다.

즉위한 지 얼마 되지 않은 영조의 임금 자리를 위협했던 이인좌의 난을 진압한, 그야말로 공로가 하늘을 찔렀던 오명항의 초상화에 천연두 흉터와 흑색황달이 그대로 묘사되어 있다는 데서 우리는 선비정신을 다시 볼 수 있다. 선비정신의 요추要樞는 '정직함'이다. 그리고 그 정직함 덕분에 조선시대 초상화에는 대상 인물의 보기 흉한 모습까지 표현될 수 있었던 것이다. 오명항이 자신의 모습을 보기 좋게 그리라고 했거나, 화가가 그의 눈치를 보았다면 지금과 같은 초상화가 전해지진 못했을 것이기 때문이다.

7. 유복명 초상

얼굴 가득 털이 난 다모증의 선비

병원 진료실을 찾는 환자나 그 가족이 전하는 사연은 참으로 다양하다. 특히 희귀한 피부질환을 앓는 환자를 만나면 심한 가슴앓이를 하고 있는 경우가 많다. 다른 임상 진료 분야와 달리 다른 사람 눈에 쉽게 노출되고, 특히 안면에 나타나는 경우가 많은 피부질환의 특성 때문일 것이다.

이강칠 선생의 《한국명인초상대감》을 살펴보다가 유복명柳復明, 1685~1760의 초상화를 만났다. 얼굴이 조금 어둡게 그려져 있기에 그림을 정밀하게 관찰할 수 있는 휴대용 단안확대경으로 얼굴 부분을 자세히 들여다보았다. 그러자 놀랍게도 얼굴 전체를 뒤덮은 털들이 보였다. 유복명은 희귀 피부질환인 다모

유복명 초상. 18세기 중엽, 비단에 채색, 51.2×39.5cm, 일본 덴리대학도서관 소장.

유복명의 얼굴을 뒤덮고 있는 수많은 털이 보인다. 다모증을 있는 그대로 나타낸 것이다.

증多毛症, Hypertrichosis을 앓고 있었던 것이다.

남성이 사회생활을 하는 데는 털이 유난히 많다고 해도 큰 고민거리가 되지 않을 수도 있다. 오히려 남성미가 부각된다는 점에서 주변으로부터 부러움의 대상이 되기도 한다. 그러나 남성호르몬인 안드로겐Androgen이 별로 영향을 미치지 않는 부위, 즉 본래 털이 많이 나지 않는 곳에 털이 두드러지게 많이 나 온몸 또는 얼굴이 털로 뒤덮인다면 문제는 다르다.

초상화의 주인공인 유복명의 경우 안면다모증이 보이지

만, 다행히 털의 밀도가 아주 높지는 않았다. 하지만 눈 밑까지 난 털이 머리털처럼 굵은 것으로 보아 유복명의 손등을 비롯해 다른 신체 부위에도 굵은 털이 났으리라 짐작할 수 있다.

이 초상화를 보면서 30여 년 전에 만났던 환자가 떠올랐다. 임상에서 눈썹이 없어 진료실을 찾는 무모증 환자를 만나는 것은 드문 경우가 아니지만, 다모증 환자를 만나는 일은 흔치 않다. 그런데 어느 날, 여성 환자가 아주 어두운 표정으로 진료실로 들어왔다. 의자에 차분히 앉는 환자의 얼굴 표정을 보며 왜 눈길을 피하며 이야기하는지를 직감할 수 있었다. 얼굴을 보는 순간, 참으로 마음고생이 심했겠다는 생각이 마음을 무겁게 짓눌렀다. 환자는 여성에게 나타나는 다모증의 일종인 조모증粗毛症, Hirsutism, 남성형과다모증으로 병원을 찾은 것이었다.

20대 후반인 이 환자는 중학교 교사였는데, 입 주변과 윗입술 그리고 턱 부위가 옅은 잔털로 덮여 있어 다른 사람보다 검게 보였다. 국소다모증이었다. 사실 전문가의 눈으로 보면 임상적으로 심각한 상태는 아니었다. 하지만 이 환자는 철없는 학생들의 집단적인 괴롭힘에 심리적으로 무척 부담을 느낀다고 했다. 그리고 임상적 원인 분석을 떠나 미용 차원의 교정이 가능한지를 알고 싶어 했다. 그러나 당시에는 오늘날과 같은 피부 치료용 레이저 치료기기가 없었기에 환자에게 큰 도움을 주지 못했고, 그것이 못내 아쉬움으로 남았다.

8. 송창명 초상

하얗게 물든 얼굴, 백반증의 증거

2009년 6월 마이클 잭슨Michael Jackson, 1958~2009의 갑작스러운 사망 소식은 많은 이들을 놀라게 했다. 미국은 물론 세계 각지에서 이어진 애도의 물결은 그가 팝의 황제였음을 실감케 하고도 남음이 있었다. 그는 생전에 그 유명세만큼이나 온갖 뜬소문에 시달렸는데, 사후에도 마찬가지였다. 특히 본래 흑인이었다고는 믿을 수 없을 정도로 하얀 그의 피부색이 또다시 사람들의 입에 오르내렸다. 마이클 잭슨이 피부 미백 치료를 받았고, 그 후유증으로 심한 고생을 겪고 있다는 의혹은 1980년대 이래 끊임없이 제기되었다. 그토록 완벽한 시술에 성공한 미국 의료진의 탁월한 능력에 감탄하는 이들도 적지 않았다.

송창명 초상. 18세기 중엽, 종이에 채색, 50.1×35.1cm, 일본 덴리대학도서관 소장.

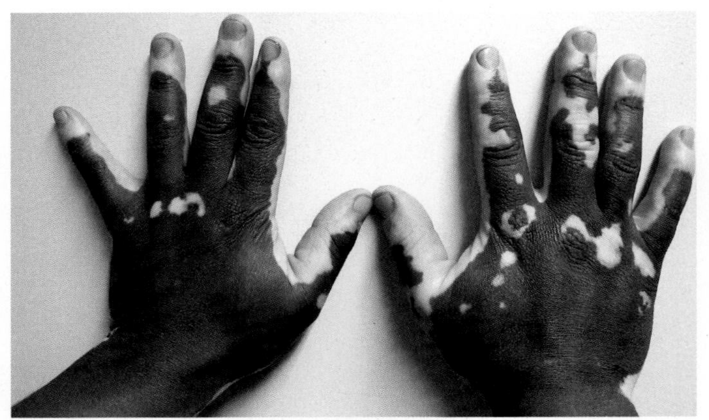

백반증이 나타난 흑인 환자의 손에서 본래 피부색과 백반증이 나타난 부분의 피부색이 극단적으로 대비된다.

그런 이야기를 들을 때마다 나는 독일 병원에서 만난 적이 있는 한 피부병 환자 이야기를 해주곤 했다. 마이클 잭슨과 아주 유사한 피부병을 앓은 것으로 보이는 그 환자는 아프리카 출신인데도 피부가 백인처럼 하얀색이었다. 내가 보기에 그는 전신성백반증全身性白斑症, Generalized vitiligo을 앓고 있었다. 나는 그 환자에게 하얀 피부를 다시 까맣게 만드는 것은, 그것도 신체 일부가 아니라 전신을 치료하는 것은 결코 쉬운 일이 아니라고 조심스럽게 설명해주었다. 그러자 환자는 손등을 보여주면서, 온몸이 거의 하얀색인데 손등만 검으니 그러면 손등도 하얗게 만들어달라고 애원했다. 이때의 경험으로 미루어 마이클 잭슨의 흰 피부는 미백 치료의 결과가 아니라고 확신했고, 훗날

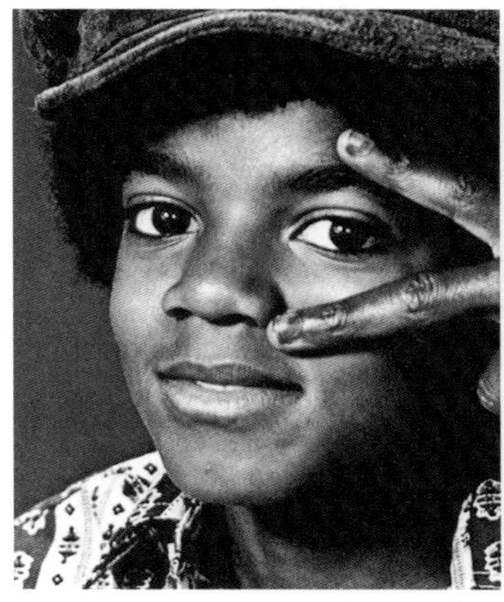

왼쪽_마이클 잭슨의 어린 시절 사진. 이미 손끝에 백반증 증상이 나타나고 있다.
오른쪽_1988년 마이클 잭슨의 사진. 얼굴의 피부색이 마치 분을 바른 듯 얼룩덜룩하다.

미국의 동료 전문의에게 마이클 잭슨이 전신성백반증을 앓고 있다는 이야기를 들었다.

마이클 잭슨은 무대 위에서 온몸을 현란하게 움직이며 노래할 때마다 항상 여러 가지 형태의 장갑을 착용했다. 그런 모습을 볼 때마다 예전에 만난 환자처럼 그가 손등의 검은 피부색을 감추려고 그러는 것일지도 모르겠다는 생각을 하곤 했다. 국내에서도 마이클 잭슨처럼 피부가 희게 변하는 환자를 보는 것은 극히 드문 일이다. 그런데 흥미롭게도 조선시대 초상화에서 그런 사람을 볼 수 있다.

송창명宋昌明, 1689~1769은 영조 때의 문신으로 종친부에 속하지 않는 종친과 외척에 대한 사무를 맡아 보던 돈녕부의 우

송창명의 얼굴에 피부의 하얀 부위와 그렇지 않은 부분 사이가 더 검게 그려져 있다. 백반증의 대표적인 증상인 경계과색소침윤을 나타낸 것으로 보인다.

두머리인 종1품 판돈녕부사와 공조판서를 지낸 인물이다. 1970년대 말 우연히 그의 초상화를 보고 하얗게 물든 얼굴에 깜짝 놀랐던 기억이 생생하다. 나는 화원이 피사인인 송창명의 얼굴에 나타난 백반증白斑症, Vitiligo을 '있는 그대로, 보이는 그대로' 그렸다고 판단했다.

백반증은 하얀 피부색을 가진 서양인들에게는 별 문제가 되지 않는다. 피부가 흰 사람에게 나타나는 백반증은 크게 눈에 띄지 않기에 구미권에서는 연구 대상으로서 큰 관심을 받지 못하는 경향이 있다. 그러나 다른 유색인종군에서는 시각적으로 큰 문제가 된다. 특히 아프리카인들에게는 백반증은 외견상의 문제도 문제지만, 생명을 위협하기까지 하는 치명적인 피부질환이다. 피부색소인 멜라닌Melanin이 없으면 태양광의 자외선을 막을 수 없고, 이는 피부암으로 직결되기 때문이다.

나는 조선시대 초상화에 백반증이 묘사되어 있다는 사실을 1982년 독일 피부과학회에서 발행하는 학술지 《데어 하우트아르츠트》에 〈역사적 초상화에 나타난 백반증〉이란 논문으로 발표했다. 〈송창명 초상〉에는 병변으로 생각되는 하얀 피부부위와 정상 피부 사이에 불규칙으로 더 검게 그려진 부분이 있다. 나는 이것이 백반증 병변의 대표적 증상인 경계과색소침윤境界過色素浸潤, Marginal hyperpigmentation, 정상 피부가 색소침윤되었다가 흰색 피부가 되기를 반복되면서 병변이 커지는 현상을 선명하게 묘사한 것임을 지적하였다. 그리고 그 주장이 임상적으로 근거가 있다고 인정받았기에 논문이 학술지에 게재된 것이다.

이 논문은 2000년 영국에서 발간된 백반증 관련 전문서적인 《비틸리고Vitiligo》에 재인용되었고, 〈송창명 초상〉은 백반증에 관한 세계 최초의 그림 기록으로 거듭 인정받았다. 조선시대 초상화가 보여주는 의학적 정확성이 국제적으로 인정받은 셈이다.

조선시대 탈에도 피부병이 묘사되어 있다

◆

조선시대 초상화는 선비들의 얼굴에 나타난 피부병변을 정확히 묘사하고 있다. 그렇다면 평범한 민중의 얼굴에 나타난 피부병변은 어디서 볼 수 있을까? 바로 우리네 탈에서 찾아볼 수 있다. 나는 그동안 프랑스 파리의 아프리카미술박물관에서, 미국 뉴욕에서, 영국 런던에서 수없이 많은 가면을 살펴봤으나 어디서도 우리 탈처럼 피부병변을 묘사한 것은 찾기 쉽지 않았다. 반면 우리 탈놀이에 등장하는 각종 탈은 피부병변을 매우 리얼하게 표현하고 있을 뿐만 아니라 유머를 가득 담고 있어 더욱 감탄할 뿐이다. 그러면 몇 가지 탈을 살펴보자.

홍백탈은 반쪽은 붉은색, 다른 반쪽은 흰색으로 칠해진 탈이다. 피부과 의사의 시각에서 이는 혈관종血管腫, Hemangioma의 하나인 화염상모반火焰狀母斑, Nevus flammeus으로 진단할 수 있다. 또 다른 홍백탈에서는 양쪽이 대칭을 이루지 않고 붉은 쪽 안면이 뚜렷하게 비대해진 상태를 확인할 수 있다. 혈관종 중에서도 스터지-웨버 증후군Sturge-Weber syndrome으로 볼 수 있다. 다만 문헌에 따르면 홍백탈은 홍洪씨와 백白씨 두 아버지를 섬기는 한 아들의 갈등을 묘사한 것이라고 한다.

옴중탈은 전염성 높은 피부병인 옴Scabies에 걸린 스님을 표현한 것이다. 속세로 내려온 스님을 탈춤마당에 등장시킨 것이다. 그런데 옴에 걸린 사람은 잠자리에 들면 온몸에 심한 가려움을 느낀다. 안면은 상대적으로 멀쩡한 것이 옴의 특징이나, 수시로 몸을 긁적이는 스님의 모습을 안면, 즉 탈에 옮겨 묘사한 것은 아닌지 추정해본다.

문둥탈은 나병癩病, Leprosy, 일명 문둥병 환자를 묘사한 탈이다. 반

홍백탈, 옴중탈, 문둥탈, 취발이탈(왼쪽 위부터 시계 방향으로). 각각 뚜렷한 특징으로 피부병변을 묘사하고 있음을 알 수 있다. 국립민속박물관 소장품인 취발이탈을 제외하면 모두 지은이 소장품이다.

세기 전만 해도 나병 환자들을 심심찮게 만날 수 있었다. 하지만 오늘날 우리 일상에서는 나병 환자를 거의 볼 수 없고, 병명 또한 한센병Hansen's disease으로 바뀌었다. 요컨대 지금은 거의 잊힌 질병이지만, 탈놀이에서만큼은 아직 존재하고 있다.

또한 알코올 중독자인 주정뱅이, 곧 취한醉漢에서 그 명칭이 붙었다는 취발이탈은 그에 걸맞게 깊은 주름이 져 있고, 얼굴 곳곳에 알코

신할비탈.
지은이 소장.
유독 얼굴빛이 흰
이 탈은 백반증을
표현한 것이
아닌가 추측된다.

올 중독으로 인한 면역 약화 현상 때문에 나타나는 만성피부염증인 고름주머니, 곧 농양이 수두룩하다. 또한 한눈에도 크고 깊은 주름살과 대형 모낭염毛囊炎, Folliculitis을 확인할 수 있다.

황해도와 경기 지방의 탈놀이에 등장하는 신할비탈은 특히 흥미롭다. 탈놀이에서 보통 양반 계층의 탈은 하얗게, 신분이 낮은 계층의 탈은 검게 묘사되어 있다. 그런데 신할비탈은 하얗다. 이것만 보면 신할비탈이 양반을 묘사한 것이라 생각할 수도 있다. 그러나 그의 부인인 미얄할미의 탈은 검고, 게다가 그들 부부의 대화 내용은 양반 부부의 대화라고 하기엔 너무나 노골적이다. 얼굴이 하얗다는 이유만으로 신할비를 양반으로 볼 수는 없는 이유이다. 언어학자들에 따르면 경기도에서는 '희다'를 '시다'로 표현한다고 한다. 얼굴이 하얀 할비의 탈이 '신할비탈'로 불린 이유도 그 때문으로 짐작할 수 있다. 그러면 혹시 신할비탈은 백반증 환자를 묘사한 탈은 아닐까? 신할비탈과 짝을 이루는 미얄할미탈에는 얼굴 가득 주근깨가 묘사되어 있다. 이외에도 태생

미얄할미탈.
지은이 소장.
검은 얼굴에 하나 가득 주근깨가 묘사되어 있는 것이 특징이다.

은 양반이지만 좀 모자란 풍자의 대상으로 등장하는 샌님탈에서는 토순兔脣, Cleft lip, 언청이을 관찰할 수 있다.

문헌에 따르면 탈놀이는 18세기 즈음에 나타났다고 한다. 지역마다 차이점이 있지만 공통점은 1년에 한 번 양반 계급이 놀이마당을 능동적으로 마련했다는 것과, 탈놀이에 등장하는 피지배계급들이 탈을 쓰고 즉흥적인 대사에 온갖 비속어를 아무 거리낌 없이 능청스럽게 떠벌였다는 사실이다. 녹취록을 읽다보면 얼굴이 화끈해질 정도이다. 특기할 점은 놀이가 끝나면, 지주가 놀이마당에 등장한 주역들과 함께 그들이 사용한 탈을 밟아 부쉈다는 것이다. 그러고 난 후 모든 것을 잊어버리자는 뜻으로 술을 양껏 퍼마시며 그간 누적된 스트레스를 확 풀었다고 한다. 그래서 '탈바가지'란 말이 생겨난 것이다. 또 한 번의 반전으로 연극적 요소를 극대화하고, 더불어 집단 카타르시스를 추구했다고 할 수 있다. 요컨대 탈춤마당에서는 모든 게 평등했다. 당시 우리 사회의 높은 관용tolerance 정신을 확인할 수 있는 대목이다.

9. 서명응 초상

어른이 되어도 남은 '얼굴의 몽골반점'

작가 한강의 소설 〈채식주의자〉가 세계 문학계에서 높은 평가를 받고 있다. 2016년 여름에는 맨부커상Man Booker International Prize을 받았다는 소식이 한여름의 소나기처럼 신선한 기운을 몰고 오더니, 같은 해 말에는 《뉴욕타임스》가 "잔인한 세상, 순수에 대한 통찰이 돋보였다"는 평과 함께 이 작품을 '2016년 최고의 책'에 선정했다.

몇 해 전 작가의 소설 〈몽고반점〉을 읽으며 참으로 뛰어난 작품이라는 생각을 한 적이 있다. 몽고반점은 의학 용어로는 몽골반점Mongolian spot이라 불린다. 한 여성의 엉덩이 부위에 있는 몽골반점을 놓고 전개되는 줄거리가 퍽 에로틱하면서도 절

서명응 초상. 1781년, 비단에 채색, 51.6×41.2cm, 일본 덴리대학도서관 소장.

제된 긴박감이 넘쳤다.

몸에서도 특히 엉덩이 부위에 나타나는 몽골반점은 대부분 유아기에 짙은 검푸른색부터 연한 푸른색의 반점으로 눈에 띈다. 그리고 나이가 들어감에 따라 색이 점차 연해지면서 청·장년기에는 씻은 듯 자취를 감추는 특징이 있다. 한강의 소설에 등장하는 여성의 몽골반점은 임상적인 시각에서 볼 때 상식을 벗어나는 예로, 이 인물의 순수성을 상징하는 장치라고 볼 수 있다.

그런데 우리에게 익숙한 몽골반점은 아니나, 그 한 유형인 오타모반Nevus of ota을 관찰할 수 있는 초상화가 있다. 정조대의 문신인 서명응徐命應, 1716~1787의 초상화다. 서명응은 정조가 학문 진흥을 위해 개편한 규장각의 책임자인 초대 제학을 지냈으며, 규장각의 학문 연구와 편찬 사업에서 핵심적인 역할을 맡았다. 덕분에 정조로부터 보만재保晩齋라는 호를 받기도 했다. 청나라 연경燕京, 중국 베이징의 옛 이름에도 사행을 다녀온 그는 이용후생利用厚生을 추구하는 북학파北學派의 시조로 일컬어지며, 서양의 천문학과 기하학을 조선에서 가장 먼저 받아들여 연구한 인물이기도 하다. 규장각의 책임자가 되기 이전, 영조대에 함경도 갑산으로 귀양을 갔을 때도 같이 귀양을 간 조엄과 함께 백두산에 직접 올라 그곳의 북극고도北極高度와 각 봉우리의 높이를 측정한 흥미로운 일화도 남겼다. 그의 학문은 아

규장각도.
김홍도, 1776년,
종이에 채색,
143.2×111.5cm,
국립중앙박물관 소장.
정조는 임금 자리에 오른
뒤 규장각을 강화해
학문의 진흥을 꾀했고,
서명응은 그 책임자였다.

들인 서호수徐浩修, 1736~1799와 손자 서유구徐有榘, 1764~1845에게로 이어져 그들도 실학자로서 명성을 떨치게 된다.

예순여섯 살 때 그려졌다는 서명응의 초상화에는 오른쪽 눈가에 오타모반이, 왼쪽 턱관절 부위와 귀에는 털모반Nevus pilosus이 보인다. 오타모반은 동양인에게 나타나는 피부병변이다. 일본의 피부과 의사인 오타 마사오가 1939년에 최초로 학계에 보고하여 그의 이름을 따 오타모반이라 부른다. 그러나 그보다 약 150년 앞선 1781년에 그려진 조선의 초상화에 이미 오타모반이 묘사되어 있는 것이다.

오타모반은 몽골반점의 한 유형이다. 두 피부병변은 모두

서명응 초상의 얼굴을 보면 오른쪽 눈가에 오타모반, 왼쪽 턱과 귀에는 털모반이 보인다.

아시아인에게 드물지 않게 나타난다. 하지만 몽골반점은 성장기를 걸치면서 소멸하는 데 반하여 오타모반은 그렇지 않으며, 몽골반점은 엉덩이 부위에 나타나는 데 반해 오타모반은 얼굴, 특히 눈 주위에 나타난다. 몽골반점은 옷으로 쉽게 가릴 수 있지만, 오타모반은 숨기기도 쉽지 않다. 오타모반을 가진 환자가 감내하기 어려운 마음의 병을 앓게 되는 이유다.

그동안 피부과 전문의로서 오타모반을 가진 환자를 대할 때마다 전문의로서의 한계를 느끼며 무기력함에 빠지곤 하였

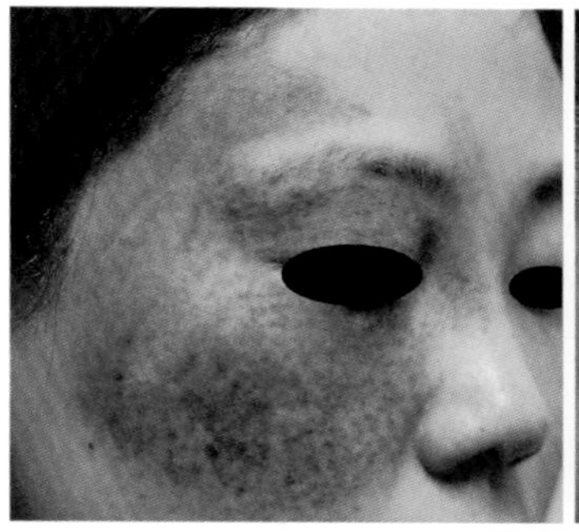
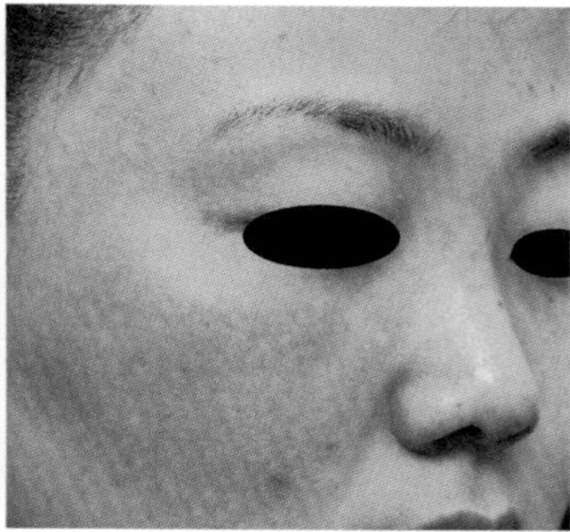

오타모반의 치료 전(왼쪽), 치료 후(오른쪽) 모습. 의료기술의 발전으로 오타모반은 흔적을 찾기 어려울 정도로 말끔하게 치료할 수 있게 되었다.

다. 그런데 수 년 전부터 특수 레이저의 치료기기 개발 및 도입으로 난공불락이었던 이 병변을 극복할 수 있게 되었다. 환자에게는 축복이 아닐 수 없으며, 의료진에게는 새로운 보람이 아닐 수 없다.

얼마 전 한 지인의 얼굴에 있던 오타모반이 옅은 자국만 남기고 사라진 것을 보았다. 예전에 권했던 레이저 치료를 받고 좋아진 거라고 '자백'하며 기쁨을 감추지 못했다. 분명 얼굴에서 풍기는 인상이 훨씬 밝아 보였다. 그 역시 시술을 하기 전에는 늘 마음에 부담을 갖고 있었다는 방증이기도 하다. 한편으로는 오타모반이 그려진 초상화의 주인공인 서명응도 고민이 많았을 것을 생각하니 애잔한 마음을 금할 수 없었다.

10. 채제공 초상

당대 명재상의 사시를 그리다

번암樊巖 채제공蔡濟恭, 1720~1799은 영조, 정조 때의 문신이다. 영조 대인 1758년영조 34에 도승지로 임명되었는데, 같은 해에 영조가 사도세자를 폐한다는 교서를 내리자 죽음을 무릅쓰고 이를 철회시켰다. 영조가 사도세자를 뒤주에 넣어 죽이기 4년 전의 일이다. 익히 알려진 바와 같이 사도세자는 결국 비극적인 죽음을 맞고 마는데, 당시 채제공은 모친상을 당해 낙향해 있어서 아무런 힘이 되지 못했다고 한다.

후일 정조가 즉위하자 채제공은 임금의 최측근이 되어 규장각 제학, 한성판윤, 우의정을 거쳐 영의정에 이르렀다. 채제공은 학문과 덕을 겸비한 재상이었고 김홍도의 후원자이기도

채제공 73세 초상. 이명기, 1792년, 비단에 채색, 120.0×79.8cm, 보물 제1477-1호, 수원화성박물관 소장.

왼쪽 눈의 사시가 있는 그대로 묘사된 것은 물론, 채제공의 인자한 성품까지 드러나는 듯하다.

했다. 그가 정조 때 조정에 복귀하여 가장 힘을 기울인 일 중 하나는 바로 각 관서에 소속되어 있는 시노비寺奴婢의 폐단을 시정하고, 점차 그 수를 줄여나가는 일이었다. 도망한 노비를 쫓아 다시 잡아들이는 추쇄推刷 제도를 없애는 등 노력에 힘입어 1801년순조 1에는 마침내 시노비 제도가 폐지되기에 이른다.

이러한 행적을 남긴 번암 채제공답게, 1792년정조 16에 그려진 〈채제공 73세 초상〉을 보면 온몸에 인자함이 배어 있다. 초상의 오른쪽에 쓰인 화제에 따르면 이 초상화를 그린 것은 당대 제일의 화원으로 이름났던 화산관華山館 이명기李命基, ?~?다. 그런데 초상화 속 채제공의 얼굴을 보면 바로 눈에 들어오는 특징이 있다. 정확하게 묘사된 사시斜視, Strabismus다. 이 사팔눈을 보며 서울대학교 김형국 교수는 북송 때의 명재상 범중엄의 고사를 떠올리며 "'궁궐에선 백성이, 거길 떠나선 임금이 걱정'이던 착잡한 두 마음이 드러난 것이 아니었을까"라고 말하기도 했다.

다른 시각에서 보자면 채제공은 임금의 총애를 받는 신하로 1790년에 좌의정이 된 후 3년에 걸쳐 영의정, 우의정도 없이 독상獨相으로서 정조를 도와 개혁 정책을 추진하고 있던 차였다. 이렇게 임금의 전폭적인 신임을 받고 있던 명재상의 얼굴에 나타난 사시를 이명기는 비껴가지 않고 정확하게 묘사한 것이다. '있는 그대로, 보이는 그대로' 정신의 한 본보기인 셈이다.

채제공이 신윤복의 미인도를 봤다면?

◆

오래전인 2011년의 일이다. 간송미술관 전시회를 찾은 관람객들이 가을비가 그칠 줄 모르고 내리는데도 기나긴 줄을 서기를 마다하지 않고 차분하게 차례를 기다리던 모습이 생각난다. 그날 전시에서 공개하는 조선시대를 대표하는 화가 단원 김홍도와 혜원蕙園 신윤복申潤福, 1758~?의 작품을 감상하기 위해 몰려든 미술 애호가들의 열정을 보는 듯해서 더욱 잊을 수가 없다.

물론 김홍도와 신윤복의 다양한 작품을 감상할 기회를 누리는 것이 관람객들의 가장 큰 목적이었겠지만, 이 기다림에는 간송澗松 전형필全鎣弼, 1906~1962 선생의 생생한 발자취를 더듬어보며 경의를 표하는 뜻도 있었음을 알기에 더욱 그랬다. 알다시피 전형필 선생은 일제강점기에 우리 문화재를 보호하고, 일본에 유출된 문화재를 다시 찾아오는 데 혼신을 다한 분이다.

특히 신윤복의 풍속화첩인 국보 제135호 《혜원전신첩蕙園傳神帖》은 일본 부상富商의 수중에 들어간 것을 전형필 선생이 여러 해에 걸쳐 공을 들여 1934년 되찾은 것이다. 당시 선생은 일본인 수장가로부터 이 작품을 구입하기 위해 직접 오사카까지 건너갔다. '문화 독립 운동가' 전형필 선생의 면모를 잘 보여주는 사례다.

전시 관계자에 따르면 이렇게 모여든 미술 애호가들의 발길을 더욱더 재촉한 것은 신윤복의 〈미인도美人圖〉였다고 한다. 그런데 바로 그 〈미인도〉를 보며 문득 '이 작품이 과연 조선시대 여인들의 아름다움을 대표할 만큼 상징적인 작품일까?'라는 생각이 들었다. 특히 거추

미인도. 신윤복, 18세기 말, 비단에 채색, 114.2×45.7cm,
보물 제1973호, 간송미술문화재단 소장.

연소답청. 신윤복, 18세기 말, 종이에 채색, 28.2×35.2cm, 간송미술문화재단 소장.

장스러울 정도로 균형을 잃은 가발假髮, 즉 조선 후기에 크게 유행해서 여자들이 머리에 얹었던 체발髢髮, 트레머리이 마음에 많이 걸렸다.

동시대에 활동한 김홍도의 작품에서도 체발한 여인이 등장하는 것을 보면 이러한 머리 스타일이 조선 시대의 풍속이었음을 어렵지 않게 짐작할 수 있다. 그럼에도 나는 〈미인도〉를 보며 왠지 거북함을 느꼈는데, 이는 체발이 당시 사회문제로까지 대두해 나라에서 금지령을 내릴 정도로 여인들 사이에서 걷잡을 수 없는 '유행병'으로 번졌기 때문이다. 한영우 교수는 《정조평전 - 성군의 길》에서 이렇게 말한다.

> 원래 트레머리는 원나라에서 들어온 풍속으로 왕비만이 할 수 있었다. 조선 후기에는 그 풍속이 사대부와 평민, 기생들에게까지 퍼졌는데 그 값이 엄청나게 비싸서 사회문제가 되었다. 그래

서 10월 3일에 임금정조은 대신들에게 이에 대한 의견을 물었다. 우의정 번암 채제공은 체발의 폐단이 심각함을 이렇게 말했다. '지극히 가난한 유생의 집이라도 60~70냥의 돈이 아니면 살 수 없고, 집을 팔아야 할 형편입니다. 체발을 마련하지 못해 시집온 지 6~7년이 넘도록 시부모 뵙는 예를 행하지 못해 인륜을 폐하는데 이런 사람들이 헤아릴 수 없이 많습니다.' 채제공의 말을 들은 임금은 '우상의 말이 정확할 뿐 아니라, 그 뜻이 선대왕영조의 뜻을 밝히고 계승하는 데 있다'며 '사족의 처妻와 첩妾, 여염의 부녀자들이 체발을 머리에 얹는 것과 밑머리를 땋아 머리에 얹는 것을 일체 금지한다'며 체발을 나라에서 금지하기에 이르렀다.

이것이 바로 1788년정조 12의 여성체발금지령이다. 정조 대의 명재상 채제공이 가발을 사회적인 문제로 접근했다는 사실이 새로웠다. 정도는 각기 다르지만 지금 세계 곳곳에서 식을 줄 모르고 일고 있는 고가 명품에 대한 열기를 지켜보며, 그럴싸한 답이 떠오르지 않는 가운데 독일인들이 습관처럼 하는 말이 생각난다.

"꼭 그래야만 해? 꼭 그래야 해?Muss es sein? Muss es sein?"

11. 서매수 초상

청소년들의 영원한 고민, 울긋불긋 여드름

조선시대 초상화를 보면서 다양한 피부병변을 확인하기란 어렵지 않다. 그럼에도 조선 후기의 문신으로 영의정을 지낸 당헌戇憲 서매수戇憲 徐邁修, 1731~1818의 초상화를 보노라면 심한 여드름 자국에 놀라움을 금할 수 없다. 피부과학을 전공한 후 그동안 수많은 여드름 환자를 진료해왔는데, 그런 내가 보기에도 〈서매수 초상〉에 묘사된 여드름 자국은 말 그대로 생생하기 이를 데 없다.

〈서매수 초상〉을 처음 봤을 때는 조선시대 초상화에서 흔히 관찰할 수 있는 천연두 흉터인 줄 알았다. 그런데 자세히 보니 얽은 자국이 코, 입 그리고 턱 주위에 퍼져 있었다. 요컨대 코

서매수 초상. 1792년, 삼베에 채색, 148.0×83.5cm, 국립중앙박물관 소장.

코와 입, 턱 부분에 여드름이 남긴 흉터가 보인다. 천연두 흉터와는 분포 형태가 다르다.

를 중심으로 한 마름모꼴 안에 얽은 자국이 모여 있는 것이다. 반면 이마와 양 볼, 미간에는 상대적으로 증상 밀도가 낮았다. 이는 여드름 병변의 교과서적인 분포를 보여주는 사례였다. 여드름과 밀접한 관련이 있는 피부의 기름샘, 즉 피지선은 상대적으로 코와 입 주변에 몰려 있기 때문이다. 아울러 선비가 청소년 시절 겪어야 했을 고뇌를 능히 짐작하고도 남음이 있어 애잔하기까지 했다. 예나 지금이나 여드름 때문에 겪는 아픔은 마찬가지일 것이다.

여드름과 관련해 기억에 남는 일화가 있다. 어느 날, 한 지방법원장으로부터 전화가 왔다. 뜬금없이 법원에서 걸려온 전화라 고개를 갸웃하며 받았다. 그런데 첫 마디가 "저는 ○○○

의 아비 되는 사람입니다"였다. 잘 기억나지 않는 이름이라 머뭇거리고 있는데, 수화기 저쪽에서 말을 이었다. "얼마 전 여드름을 치료해주신 ○○○의 아비입니다"라고 덧붙였다. 그제야 환자의 얼굴이 생각났다.

대학생인 그 환자가 진료실을 찾아왔을 때 내심 놀랐다. '어떻게 얼굴을 이런 상태가 되도록….' 그 정도로 여드름 병변이 심각했던 것이다. 그리고 대학생인 본인에게도 문제가 있지만 상황이 이렇게 되기까지 방치한 부모의 무관심을 속으로 탓했다. 다행히 적절한 치료를 받으면서 환자의 상태는 예상보다 빠르게 호전되었다. 여드름이 치료되자 우울하기만 하던 청년의 얼굴이 한층 밝아졌다.

환자의 부친이 전화를 한 것도 그 때문이었다. "요즘 아들 방에서 노랫소리가 흘러나와서, 너무 기쁜 마음에 고마운 마음을 전하려고 전화를 드렸습니다." 순간 젊은 학생이 그동안 느꼈을 마음고생이 한층 무겁게 다가왔다. 그 무렵 인천에 사는 한 학생이 심한 여드름 때문에 고민하다가 자살했다는 소식을 들었던 터라 더욱 그랬다.

12. 서직수 초상

쌍둥이 모발에서 보는 조선시대 초상화의 자존심

조선시대 초상화 가운데서 가장 주목받는 작품이 바로 십우헌十友軒 서직수徐直修, 1735~1811의 초상화다. 몸은 조선시대 제일의 화가로 꼽히는 김홍도가, 얼굴 역시 초상화로 당대에 이름을 날린 이명기가 그린 〈서직수 초상〉을 두고 이태호 교수는 "조선 후기 초상화의 대표작"으로 "당대 두 대가가 합작한 만큼 뛰어난 묘사 기량을 보여준다"며 찬사를 아끼지 않았다.

〈서직수 초상〉은 이태호 교수의 말대로 조선시대 초상화의 대표작이라 해도 과언이 아닐 만큼 빼어나다. 옷자락을 보고 있노라면 김홍도라는 대화가의 붓놀림 소리가 들려오는 듯싶다. 도포가 피사인의 몸을 여유롭게 감싸고 있는 가운데 조선

서직수 초상. 김홍도·이명기, 1796년, 비단에 채색, 148.8×72.4cm, 보물 제1487호, 국립중앙박물관 소장.

유생의 품위 있고 올곧은 자세가 돋보인다. 대화가는 이처럼 절제의 아름다움으로 화폭에 절후絶後의 명품을 남겼다. "화려하지만 사치스럽지 않다[華而不侈]"는 명구가 절로 떠오른다. 실로 조선 초상화 역사의 백미白眉가 아닐 수 없다.

지난 2011년 국립중앙박물관이 개최한 '초상화의 비밀'전을 통해서도 이런 사실을 분명하게 확인할 수 있었다. 이 전시는 우리가 얼마나 자랑스럽고 훌륭한 문화유산을 가지고 있는지를 새삼 깨닫는 좋은 기회이기도 했는데 이 역사적인 전시를 주관한 국립중앙박물관은 행사를 알리는 홍보용 가로 20미터, 세로 15미터의 걸개에 〈서직수 초상〉을 담았다. 이 같은 사실 하나만으로도 〈서직수 초상〉이 갖는 대표성과 그 미술사적 의미를 충분히 짐작할 수 있을 것이다.

〈서직수 초상〉은 자못 예사롭지 않다. 조선시대 초상화에 나타난 피사인은 대부분 자신이 관직에 있을 때 입었던 관복 차림으로 앉아 있는 좌상坐像인 경우가 많다. 물론 간혹 평상복 차림에 좌상인 경우도 있다. 그런데 이 초상화 속 서직수는 꼿꼿하게 서 있다. 조선시대 초상화 가운데 몇 안 되는 입상화立像畵라는 점에서 일단 희귀하다. 또한 서직수는 동파관東坡冠을 쓰고 고운 미색米色 도포를 입고, 가슴 아래 높이에는 검은색 광다회대廣多繪帶를 두르고 버선발로 서 있다. 요컨대 평상복을 입은 기품 있고 단아한 선비의 전신상이다.

조선시대 초상화는 임금을 그린 어진을 제외하고는 대부분 임금이 신하에게 내린 하사품이다. 자화상 몇 점을 제외하면 피사인이 자기 초상화를 주문 제작한 경우는 아주 드물다. 그런데 〈서직수 초상〉은 상단 화제를 서직수 자신이 직접 고쳤다. 서직수 본인이 화가를 초빙해 초상화를 그리게 했음을 알 수 있는 대목이다. 만약 이 작품이 임금의 하사품이었다면 감히 손을 댈 수는 없었을 것이기 때문이다.

이 시점에서 당연히 한 가지 의문이 떠오른다. 서직수라는 인물은 얼마나 대단한 집안의 자손이었기에 이처럼 자신의 초상화를 당대 최고의 화가 두 사람에게 그리게 할 수 있었을까? 사료에 따르면 서직수는 권문세가인 대구 서씨 집안 자손으로 1765년영조 41 진사시에 합격했다. 이후 정조 대에 공조좌랑, 홍산현감, 인천도호부사 등을 역임했으나 비교적 관직 생활을 짧게 하고 시서화를 즐기는 선비로 여생을 보냈다고 한다. 넉넉한 재산과 가문의 뒷받침이 있기에 가능했을 것이다. 그런 면에서도 이 작품은 조선시대 초상화 연구에 새로운 지평을 열어준다고 할 수 있다.

그런데 이 초상화를 좀 더 자세히 관찰하면 색다른 점을 발견할 수 있다. 특히 피부과학을 전공한 나에게 〈서직수 초상〉은 아주 특별하다. 〈서직수 초상〉은 전신 입상이다. 초상화의 핵심인 얼굴이 여느 초상화에 비해 적은 비중을 차지한다. 그런데 이처럼 제한된 면적에도 불구하고 서직수의 해맑은 얼굴을 잘 묘사했다는 점에서 화가 이명기의 특출한 필력을 엿볼 수 있다. 18세기 말에 제작된 다른 초상화의 주인공들과 비교할 때 당시 나이 예순둘이었던 서직수의 얼굴 피부 상태는 유별나게 깨끗하다고 할 수 있다. 오늘날의 시점에서 봐도 그렇다. 특히 피부과학 전문의의 시각에서 서직수의 얼굴은 놀라울 정도로 청아하다. 조선시대 백자 그릇에 비유해도 될 성싶다.

그러면서도 이명기는 이미 환갑이 넘은 서직수의 얼굴 피부를 정확히 묘사했다. 피부 노화에 따라 흔히 나타나는 검버섯 10여 개를 옅은 색으로 세심하게 그려놓은 것이다. 또한 왼쪽 볼에는 색소모반色素母斑, Pigmented nevus 세 개를 빼놓지 않고 그려 넣었다. 게다가 그중 하나에는 털 오라기가 셋 나 있다. 한 모공에서 나온 털 세 개를 정확히 포착하여 화폭에 옮긴 것이다. 색소모반과 털모반이 함께 있는 경우는 드물지 않지만, 하나의 모공에서 털이 여럿 나오는 군집모群集毛, Pili multigemini는 흔치 않다. 현대미술의 한 사조인 극사실주의Hyperrealism의 효시를 보는 듯하다.

피부과 임상의로서 40여 년 동안 환자를 진료하는 과정에서 한 모공에서 두 개의 털이 나온 것은 더러 봐왔지만 세 개의 털이 나온 것은 본 적이 없었다. 주변의 임상의들에게 물어봐도 전혀 본 적이 없다고 했다. 이토록 희귀한 사례를 이명기는 서

서직수가 단아한 선비의 모습으로 그려진 가운데, 왼쪽 볼에는 세 개의 색소모반이 보인다.

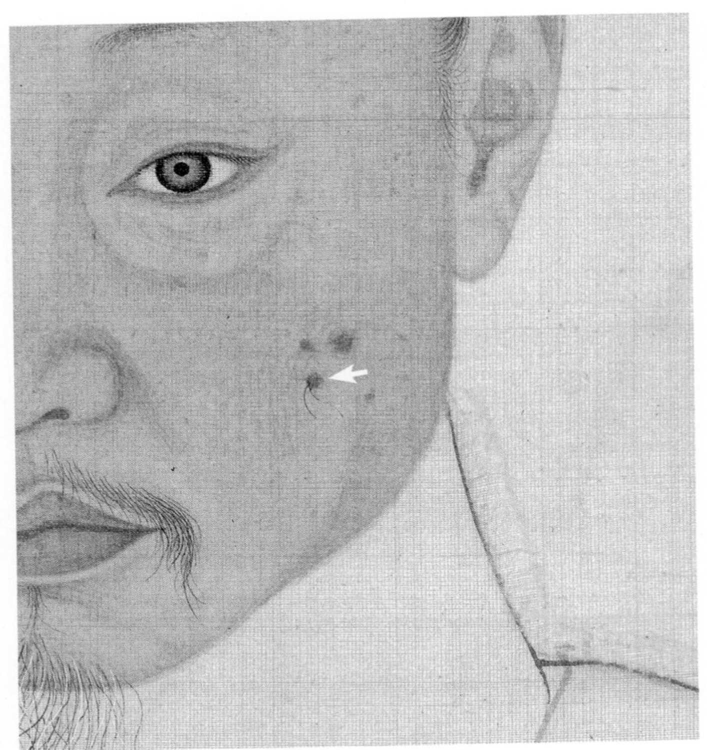

한 개의 모공에서 세 개의 털이 나온 모습이 선명하게 묘사되어 있다.

직수의 얼굴에서 놓치지 않고 포착해낸 것이다. 조선시대의 초상화가 그만큼 정확하고 정교하게 피사체를 표현하고 있다는 방증이라 감탄사가 절로 나왔다.

〈서직수 초상〉을 보면 화원들이 초상화를 제작할 때 '보이는 그대로'를 넘어 '확대경으로 들여다본 수준'으로까지 세밀하게 그린 것은 아닐까 하는 의문을 갖게 된다. 이태호 교수도《옛

화가들은 우리 얼굴을 어떻게 그렸나》에서 〈서직수 초상〉의 어깨선이 낮추어 수정된 부분을 지적하며, 이것이 원시적인 형태의 카메라인 카메라 옵스쿠라camera obscura를 활용한 흔적일 가능성을 제기하였다. 카메라 옵스쿠라로 초본을 그린 뒤 직접 대상 인물을 확인하면서 초상화를 완성하는 과정에서, 어색해지기 쉬운 얼굴과 목 사이 의상의 표현을 고쳐 그렸을 것이란 추정이다.

서양에서 온 초상화의 도우미, 카메라 옵스쿠라

◆

카메라 옵스쿠라camera obscura는 '어두운 방'이라는 뜻의 라틴어로서 르네상스시대부터 본격적으로 사용된 원시적인 형태의 카메라이다. 어두운 공간의 벽에 작은 구멍을 뚫고 빛을 통과시키면 반대쪽 벽에 밖의 풍경이 거꾸로 비친다. 당시 화가들은 카메라 옵스쿠라의 원리를 이용해 자신이 그리고자 하는 풍경을 바늘구멍을 통해 실내의 캔버스에 투영하고 그 윤곽에 따라 그림을 그렸다. 르네상스시대의 대표적인 화가 레오나르도 다빈치Leonardo da Vinci, 1452~1519도 원근법을 정확하게 표현하기 위해 카메라 옵스쿠라를 사용한 것으로 알려져 있다. 이탈리아 과학자 지오반니 바티스타 델라 포르타는 1558년에 낸 자신의 책인 《자연의 마술》에서 화가들에게 카메라 옵스쿠라를 그림을 그리는 도구로 사용하도록 권장했다. 카메라 옵스쿠라는 초기에는 사람이 들

초기의 카메라 옵스쿠라는 방 한쪽 벽에 낸 구멍을 통해 바깥의 상이 비치는 구조였다.

어갈 만큼 컸지만 점점 작아져 휴대하기 편리하게 되었고, 18~19세기에는 화가들의 밑그림을 그리기 위한 필수 도구가 되었다.

우리나라에 카메라 옵스쿠라가 전래된 것은 17~18세기의 일이다. 정약용이 쓴 〈복암 이기양 묘지명伏菴李基讓墓誌銘〉에 "복암이 일찍이 나의 형정약전 집에서 칠실파려안漆室玻瓈眼, 카메라 옵스쿠라을 설치하고 거기에 거꾸로 비친 그림자를 따라서 초상화 초본을 그리게 하였다"라는 기록이 나온다. 이로 미루어 이때 이미 카메라 옵스쿠라가 초상화 제작에 쓰이고 있었음을 알 수 있다. 이태호 교수는 〈강세황 71세 초상〉이라는 논문에서 이명기가 1783년에 71세인 강세황의 초상화를 그릴 때에도 카메라 옵스쿠라를 사용했을 것이라 추정한다. 그 근거로 이전의 초상화와 비교했을 때 강세황의 71세 때 초상화에는 입체감을 살린 얼굴 표현, 옷주름 묘사의 명암법, 투시도법에 가까운 선 배치 등의 상이점이 있음을 들었다. 조선에 들어온 카메라 옵스쿠라는 초상화의 주인공을 있는 그대로 그리는 조선시대 초상화 발전에 크게 기여했을 것이다.

카메라 옵스쿠라는 이후 발전을 거듭해 휴대가 가능할 정도로 변화했다.

13. 강인 초상

아버지와 아들, 팔자 주름이 닮았네

2017년 9월 중순의 일요일 아침, 전화로 표암 강세황의 큰아들 종호從好 강인姜億, 1729~1791의 초상화가 경매에 나왔다는 소식을 들었다. 프리뷰 전시장에 가면 볼 수 있는데, 그 얼굴에 천연두 흉터가 있다는 이야기였다. 수화기 저쪽의 음성에서 그 사실을 알려주는 기쁨과 보람을 확연히 느낄 수 있었다. 그분은 바로 미술사학자 유홍준 교수였다.

그날 오후 전시장을 찾아 강인의 초상화가 있는 곳으로 향했다. 실제로 본 〈강인 초상〉은 생각보다 작았지만, 얼핏 강세황의 용모를 연상케 하는 모습이 눈에 들어왔다. 이른바 '팔자 주름'이라고 하는 코입술주름Nasolabial fold이 참으로 비슷했다.

강인 초상. 이명기, 1783년, 비단에 채색, 87.0×58.5cm, 국립중앙박물관 소장.

강세황 초상. 이명기, 1783년, 비단에 채색, 145.5×94.0cm, 보물 제590호, 국립중앙박물관 보관.

이 초상화가 그려진 것은 1783년정조 9의 일이다. 강세황이 나이 일흔하나에 기로소耆老所에 들게 되자, 정조 임금은 이명기에게 명하여 그의 초상화를 그리게 했다. 그때 그린 초상화가 바로 국립중앙박물관에 보관되어 있는 〈강세황 71세 초상〉이다. 강세황의 셋째 아들 강관姜僨, 1743~1824은 당시의 일을 〈계추기사癸秋紀事〉에 상세히 기록했는데, 이명기가 강세황의 초상화를 그린 뒤 마침 부본용副本用으로 쓰려던 생명주生明紬가 남자 강인의 초상화도 그렸다고 한다. 그러면서 아버지와 아들의 '닮은 면'을 놓치지 않은 것이다. 이명기는 다른 여러 초상화를 그릴 때도 그랬듯 얼굴만 그린 듯하다. 얼굴 묘사에서 볼 수 있는 이명기의 정교함과 달리 "〈강인 초상〉의 옷 주름 그늘에 또렷한 농묵 선묘가 어색한 편이다"라는 이태호 교수의 지적이 떠오르는 대목이다.

그런데 특기할 것은 그리 크지 않은 이 초상화에서 얼굴 중앙, 즉 코와 입술 부위의 좁은 공간에 피부병변이 보인다는 점이다. 초상화를 보면 우선 피부병변이 있는지 여부를 챙기는 것이 업業이 된 나도 가까이 가야 확인할 수 있을 정도였다. 나에게 천연두 흉터가 보이는지 챙겨보라고 얘기한 유홍준 교수의 안목에 새삼 감탄했다.

〈강인 초상〉을 상세히 관찰하니 이 그림에 그려진 피부병변은 천연두가 남긴 흉터가 아니라 강인이 젊은 시절 심한 여

강인의 얼굴에 남은 흉터는 분포된 형태로 볼 때 천연두가 아닌 여드름의 흉터로 보인다.

드름을 앓은 흔적으로 보였다. 이마, 관자놀이, 광대 및 볼 부위에서는 입술 윗부분에 선명하게 나타나는 파인 자국을 전혀 볼 수 없다는 특징 때문이다. 진단의 확실성을 높이기 위해 다른 두 명의 피부과학 교수에게 〈강인 초상〉에 대한 의견을 구하는 과정을 거쳤다. 그 결과 초상화에 나타난 병변은 여드름 흉터라는 진단에 이의가 없었다. 이와 맥을 같이하는 작품으로는 앞서 살펴본 〈서매수 초상〉이 있다.

〈강인 초상〉은 지금까지 개인 소장품으로 전해왔기에 외부에 전혀 알려진 바 없던 귀한 자료이다. 아울러 그의 부인인 숙부인 이씨의 교지敎旨와 함께 세상에 나옴으로써 초상화의 역사적 가치를 더했다는 사실도 간과할 수 없다. 보관 상태가 비교적 양호하다는 사실 또한 퍽 다행스러운 일이다.

이 경매에서 〈강인 초상〉은 예상가 1억 3000만~3억 원을 훌쩍 뛰어넘는 3억 5000만 원에 낙찰되었다. 이는 조선시대 초상화에 대한 관심이 그만큼 높아졌다는 방증이기도 했다. 그리고 이 초상화를 개인이 아닌 국립중앙박물관에서 구입하였기에 추후 공개도 더 쉬워졌으니 다행이다.

부채 속 애꾸눈 청년은 무엇을 꿈꾸었을까

◆

표암 강세황의 초상화는 앞서 본 자화상과 71세 때 초상을 포함해 여러 점이 전한다. 그중에는 부채에 그린 그림도 있어 눈길을 끈다. 소나무 아래 짚방석을 깔고 앉은 전신상인데, 이 초상은 강세황이 정조의 어진 제작을 감독하게 되었을 때, 어진을 그리던 화원 한종유에게 부탁하여 그린 그림으로 전한다. 그런데 이 그림과 꼭 닮은 부채 그림이 하나 더 있다. 강세황을 그린 부채 그림과 거의 같은 구도로, 소나무 아래 한 사람이 앉아 있다. 앉아 있는 사람은 젊은 청년인데, 그림을 잘 보면 한쪽 눈이 먼 것으로 묘사되어 있다. 이 그림의 주인공은 바로 강세황의 손자인 중암重菴 강이천姜彝天, 1769~1801이다.

강경훈의 2001년 논문 〈중암 강이천 문학 연구〉에 따르면 강이천은 "1769년 6월 12일 우승지를 지낸 아버지 강흔姜俒, 1739~1775과 동

강세황 초상(선면). 한종유, 1781년, 종이에 담채, 가로 55cm, 개인 소장.

래 정씨 사이에서 태어났다. 태어날 때 태독胎毒으로 오른쪽 눈을 실명하여 평생을 좌시左視로 살아야 했다"고 한다.

부채의 오른쪽 공간에 적힌 글에 따르면 이 그림을 그린 것은 이명기이고, 부채의 왼쪽에는 실명한 강이천에게 걸맞은 제시가 적혀 있다. 이 부채 그림의 존재를 나에게 처음 알려준 것은 유홍준 교수였는데, 그 시구가 너무나 절묘하다며 전화로 직접 낭송을 해줄 정도였다. 이를 그대로 옮겨본다.

왼쪽 눈은 구름이 해를 가린 듯했으니	左眼雲蔽日
내면 성찰하는 데 도움이 될 수 있으리.	可以資內視
오른 눈동자는 불과 같이 이글거리니	右眼瞳如火
천고의 일을 보고자 한다면 다 볼 수 있으리.	覽盡千古事
입은 시문을 평하지 말고,	口無雌黃評
손은 바둑의 장난을 끊어라.	手絶棋奕戲
코는 향기와 악취를 구별치 말고,	鼻昧薰蕕臭

강이천 초상(선면). 이명기, 1786년, 종이에 담채, 가로 64cm, 개인 소장.

발은 번잡스럽고 화려한 곳을 멀리해라.	足違芬華地
귀는 음란한 소리를 듣지 말아야,	耳不聞淫聲
배에 몇 글자라도 보관할 수 있다.	腹能藏幾字
그러한 뒤에 너와 나,	然後子我
마주해도 얼굴 부끄럽지 않으리.	相色無愧

이 시구를 들으며 강세황, 강인, 강이천의 이름이 뇌리를 스쳐 지나갔다. 이명기가 강세황의 초상을 그린 1783년에 그 첫째 아들 강인의 초상도 그렸으니, 이후 강세황의 손자인 강이천까지 그렸다면 이명기는 한 집안의 삼대를 그린 셈이다. 그런데 앞서 본 논문에 따르면 강이천은 오른쪽 눈을 실명했다고 하나, 부채 그림에는 분명 왼쪽 눈이 실명된 것으로 그려져 있으며 시구 또한 그렇게 노래하고 있다. 두 주장에 어긋남이 있는 셈인데, 이를 어떻게 해석할 것인지는 학계가 더 연구할 대상이다.

강이천은 여덟 살 때인 1775년에 아버지 강흔이 죽어 할아버지 강세황의 손에 컸다고 한다. 강세황의 아들들 중 유일하게 과거에 급제한 아버지를 닮아 똑똑했는지 어려서부터 임금의 총애를 받아 궁궐에 출입하였다. 또한 문장과 대나무 그림에 빼어나 기대를 모았다. 선문대학교박물관에 소장되어 있는 강이천의 대나무 그림에는 조선 후기의 서화수장가 김광국이 짓고 김이도가 쓴 화제가 있어 강이천이 얼마나 큰 기대를 받았는지 알 수 있다.

수재秀才 강성륜姜聖倫은 이름이 이천彛天이고 호는 송분당誦芬堂으로 표암강세황의 손자이다. 성륜은 어릴 적부터 문장을 잘 지어 이름이 났고, 일찍이 동몽童蒙, 어린 아이으로 입시入侍하여 크게 임

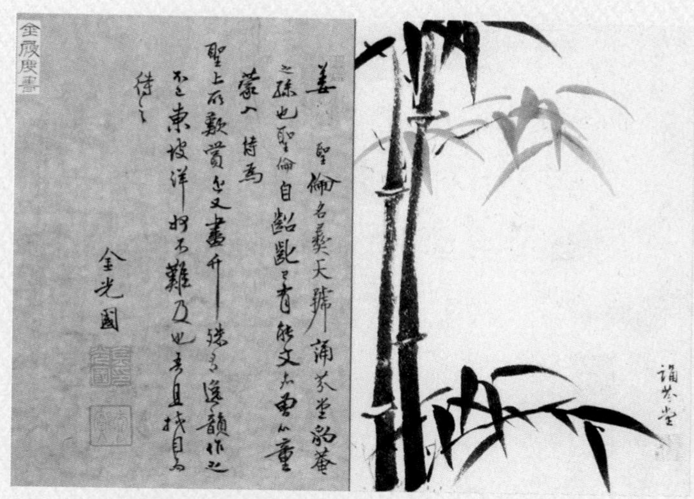

묵죽. 강이천, 18세기 말, 종이에 수묵, 그림 29.5×20.2cm, 제발 29.5×20.2cm, 선문대학교박물관 소장.

금의 칭찬을 받았다. 근래 그린 대나무 그림은 매우 빼어난 운치가 있는데, 쉼 없이 그려나간다면 동파東坡, 소식와 양주洋州, 문동의 경지도 도달하기 어렵지 않을 것이다. 나는 눈을 비비며 기다릴 것이다. _《김광국의 석농화원》

하지만 강이천은 이후 천주교 신자라는 이유로 탄핵을 당해 흑산도로 유배되었고, 1801년 신유박해 때 결국 옥사하여 중국인 신부 주문모周文謨, 1752~1801 등과 함께 효수되었다고 한다. 서른셋 젊은이가 죽임을 당하는 것은, 어느 이유건 어느 시절이건 가슴 아픈 이야기가 아닐 수 없다. 그렇지만 그로부터 10년 전 세상을 떠난 강세황이 손자의 처참한 마지막 모습을 직접 보지 않은 것만도 그나마 다행이 아니었을까 하는 생각도 든다. 애잔한 마음을 숨길 수 없다.

14. 이채 초상

할아버지의 초상인가, 손자의 초상인가

2000년대 초의 일이다. 조선 회화사에서 이름을 떨쳤으나 지금은 세상을 떠난 오주석의 전화를 받았다. 오주석은 당시 전국을 돌며 조선시대 그림에 대해 강의도 하고 저술 활동도 활발하게 하는 저명한 미술평론가였기에 그의 전화를 받고 매우 반가웠다. 그가 통화하던 중에 내가 《월간 미술세계》에 연재하던 '조선시대 초상화에 나타난 피부병'에 관한 내용을 거론해 더욱 친근함을 느꼈다.

오주석이 전화를 건 이유는 조선시대 초상화 두 점의 인물이 동일인인지, 아니면 할아버지와 손자인지 감별하는 데 도움을 달라는 것이었다. 당시 나는 오주석이 언급한 두 인물, 이채

이채 초상. 1802년, 비단에 채색, 99.6×58.0cm, 보물 제1483호, 국립중앙박물관 소장.

李采, 1745~1820와 그의 할아버지 이재李縡, 1680~1746에 대한 역사적 배경을 자세히 알지 못해 제대로 된 답을 할 수 없었다. 하지만 오주석의 부탁 덕분에 이채와 이재에 대해 관심을 갖게 되었고 그동안 학계에서 각각 이채, 이재의 초상화로 회자되던 두 그림이 실제로는 한 사람을 그린 것이라는 사실을 규명하는 행운을 얻게 되었다.

이재는 조선 후기 문신이다. 본관은 황해도 우봉이며 도암陶菴 또는 한천寒泉이라는 호를 썼다. 그는 대제학에 이르기까지 여러 관직을 두루 거쳤고, 여러 편의 저서를 집필하기도 했다. 죽은 뒤에는 문정文正이라는 시호를 하사받았다. 문정이라는 시호를 받은 것으로 미루어 그가 학문에 뛰어난 선비였음을 짐작할 수 있다.

이재의 손자 이채 역시 문신으로 호는 화천華泉이며 지금의 기획재정부 차관 격인 호조참판을 지냈다. 문필가로도 이름을 남겼다. 시호는 문경文敬이다. 할아버지에 이어 손자도 시호를 받은 명가인 셈이다.

나중에 알았지만 두 초상화는 국내 미술사학계에서 논쟁의 중심에 있었다. 〈이채 초상〉에는 찬문贊文이 상세히 적혀 있어 그것이 이채의 초상임을 확실히 알 수 있다. 반면 '전傳 이재 초상'이라는 이름으로 불리던 초상화에는 초상화의 주인공이 누구인지 알 수 있는 글이 전혀 없다. 그래서 혼란이 일어났던

전 이재 초상. 19세기 초, 비단에 채색, 97.8×56.3cm, 국립중앙박물관 소장.

것이다. 1979년 국립중앙박물관이 소장한 조선시대 초상화를 중심으로 국내 최초로 개최한 초상화 특별전의 도록《한국초상화》에도 〈이채 초상〉은 "이채 상 필자미상李采像 筆者未詳", '전 이재 초상'은 "이재 상 필자미상李縡像 筆者未詳"으로 표기해 각기 다른 인물을 그린 것으로 소개되어 있다. 각 초상화를 손자 이채의 초상과 할아버지 이재의 초상으로 간주한 것이다.

그런데 두 작품을 조선시대 초상화 중에서 으뜸가는 걸작이라고 주장하던 미술사학자 오주석의 생각은 달랐다. 그는 두 초상화가 한 인물의 것이라고 확신했다. 하지만 두 초상화가 각기 다른 피사인을 그렸는지, 또는 같은 인물을 그렸는지의 여부는 주관적 관찰에 의지할 수밖에 없었다. 이런 한계를 가지고 논쟁하던 중 날카로운 눈매를 가진 오주석이 나에게 도움을 요청했던 것이다.

며칠 후, 오주석이 보낸 초상화 자료를 검토한 뒤, 그와 통화하며 이렇게 말했다. "두 초상화의 주인공은 동일 인물인 것 같습니다." 그러자 오주석이 재촉하듯 물었다. "그 근거가 무엇입니까?" 그의 흥분을 수화기 너머로도 느낄 수 있었다.

"첫째, 두 초상화 모두 왼쪽 귀 앞에 검정콩 반쪽 크기의 납작한 검은 점이 있습니다. 아시다시피 점이나 혹은 유전되지 않습니다. 둘째, 왼쪽 눈꼬리 4시 방향에 살갗 색보다 약간 희고 도톰하게 보이는 것은 지방종의 일종인데, 이것 역시 유전

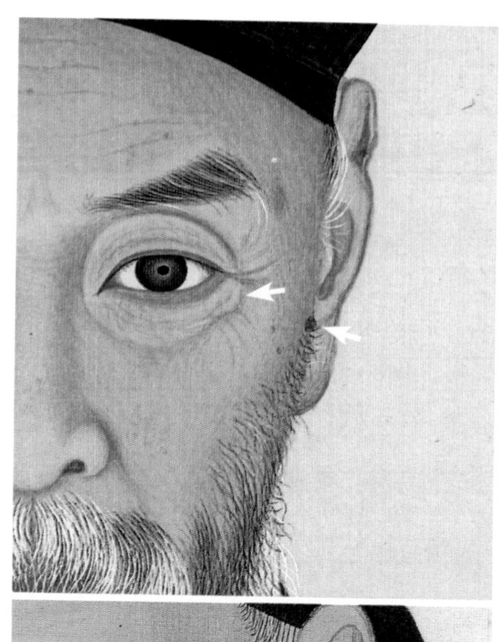

이채 초상(위)과
전 이재 초상(아래) 비교.
두 초상 모두 정확히
같은 부위에 같은
피부병변이 나타나
있음을 알 수 있다.

가능성이 희박한 피부병변입니다."

수화기 너머에서 "아!" 하는 감탄사가 나왔다. 나는 계속 말을 이었다. "그리고 그림에 나타난 주름살로 보아 두 초상화는 약 10년의 시차를 두고 제작한 것으로 추정됩니다." 그러자 오주석은 "그러면 그렇지, 내가 옳았어!" 하며 환호했다. 기뻐하며 소리치던 그의 음성이 지금도 귀에 생생하다. 그건 한 연구자의 집념이 일궈낸 성취감에 다름 아니었다.

당시 나는 오주석이 보내준 자료에 대한 설명을 제대로 하지 못했을 뿐더러 전화로 자세한 얘기를 할 상황도 아니었다. 하지만 두 초상화가 한 사람을 그린 것이라는 점은 확신할 수 있었다. 국립중앙박물관의 설명에 따르면 〈이채 초상〉의 오른쪽 위에는 이채 자신이 짓고 이한진이 글씨를 쓴 찬문이 있다. 그런데 이 찬문이 이채의 문집인 《화천집華泉集》에도 실려 있고, 그 세주細註에 "임술壬戌"이라 쓰여 있어 초상화가 제작된 것이 임술년, 즉 1802년순조2의 일임을 알 수 있다고 한다. 이한진李漢鎭, 1732~1815은 1732년영조 8에 태어났는데 찬문의 글씨를 쓰면서 마지막에 자신의 나이가 망팔望八, 즉 71세라고 밝히고 있어 〈이채 초상〉이 제작된 해가 1802년이라는 데 근거를 더한다. 이채는 1745년영조 21에 태어났으니 〈이채 초상〉에 그려진 그의 모습은 58세 때의 모습이다. 또한 앞서 말한 바와 같이 〈이채 초상〉이 먼저 그려졌고, '전 이재 초상'으로 불리던 초상화는 피부의 노화 상태로 보아 그로부터 10년쯤 뒤에 제작된 것으로 보이니 60대 후반의 모습을 담은 셈이다.

마지막으로, 요 근래 두 초상화를 꼼꼼히 살펴보니 눈꼬리 부분에 자리 잡은 도톰한 지방종이 표재성피부지방성모반表在性皮膚脂肪性母斑, Nevus lipomatous cutaneus superficialis이란 비교적 희귀한 피부병변임도 확인할 수 있었다. 조선시대 초상화가 매우 과학적으로 정밀하게 그려졌다는 사실을 증명하는 또 하나의 근거라고 할 수 있겠다.

베껴 그린 그림인가?
두 개의 홍상한 초상

◆

홍상한洪象漢, 1701~1769은 영조 때의 문신으로 호는 정혜靖惠이다. 평안도관찰사, 병조판서 등을 두루 거쳤고 나라의 치안을 담당한 의금부의 우두머리인 판의금부사로서 정조의 세손 시절 스승이었다.

홍상한의 초상화는 여러 점이 전하는데, 국립중앙박물관에 소장되어 있는 두 점의 초상화는 각각 쉰한 살과 쉰아홉 살에 그려진 것으로 형식이나 분위기가 거의 비슷하다. 〈홍상한 51세 초상〉과 비교할 때 〈홍상한 59세 초상〉에는 노인성흑색점, 즉 검버섯이 나타났을 뿐만 아니라 눈 주변에 잔주름이 많이 늘었고 턱 밑에도 역시 주름이 보인다. 8년 동안 노화가 많이 진행되었음을 알 수 있다.

왼쪽_홍상한 51세 초상(부분). 1751년, 비단에 채색, 65.1×47.9cm, 국립중앙박물관 소장.
오른쪽_홍상한 59세 초상(부분). 1759년, 비단에 채색, 69.1×55.1cm, 국립중앙박물관 소장.

홍상한 51세 초상과
홍상한 59세 초상 비교.
두 초상화를 겹쳐 보았다.
눈매는 거의 일치하지만
볼 윤곽선과 눈썹 모양,
코끝, 콧방울 선 등에
상당한 차이가 있음을 알
수 있다.

일부에서는 두 초상화의 유사함을 이유로 〈홍상한 59세 초상〉이 〈홍상한 51세 초상〉을 그대로 베끼고, 노화에 따른 변화만을 일부 가필한 것이라는 주장을 하기도 한다. 실제로 두 초상화를 겹쳐서 고찰한 결과, 안면 윤곽이 비슷한 것은 사실이다.

그러나 겹친 그림을 보면 볼 윤곽선에 현저하게 차이가 난다. 이것은 노화를 반영한 것이라고 하더라도 눈썹 모양, 코끝, 콧방울 선이 달라진 것은 노화와는 무관한 차이점이다. 따라서 〈홍상한 59세 초상〉을 그릴 때 8년 전의 초상화를 베껴 그리지 않았음은 확실하다.

15. 신홍주 초상

수염 속에 숨은 작은 혹까지도

신홍주申鴻周, 1752~1829는 조선 후기 무신이며 호는 의지儀之이다. 정조 때 무과에 급제하고 순조純祖, 1790~1834, 재위 1800~1834 때에 좌·우 포도대장과 병조참판을 역임했다. 1811년순조 11 홍경래의 난이 일어나자 반란군을 진압하는 데 공을 세웠고 전라도병마절도사, 함경도병마절도사, 삼도통제사 등 무신으로서 중책을 두루 거쳤다. 그의 손자 위당威堂 신헌申櫶, 1811~1884은 추사秋史 김정희金正喜, 1786~1856의 제자이자 대동여지도大東輿地圖를 만든 김정호金正浩, ?~?의 후원자였고, 강화도 조약 당시 조선을 대표하여 협상에 나선 것으로 유명하다.

나는 수 년 전 인사동 화랑가를 들렀다가 우연히 〈신홍주

신홍주 초상. 19세기 초, 비단에 채색, 146×83cm, 고려대학교박물관 소장.

신홍주 초상의 코입술주름, 그리고 턱수염 사이를 자세히 보면 작은 혹이 보인다.

초상〉을 만났다. 그리고 이를 꼼꼼히 살펴보다가 코입술주름에서 작은 모반세포성모반, 그러니까 혹을 보고 반가웠다. 그런데 더 작은 혹이 수염 속에서 숨어 있었다. 우리 초상화의 한 표본을 보는가 싶었다. 그의 초상화를 살펴보면 화원이 피사인의 안면을 묘사할 때 먼 거리에서 보며 그리지 않고, 피사인의 얼굴을 아주 가까운 거리에서 세심하게 관찰하여 화폭에 옮겼음을 알 수 있다.

그런 까닭에 턱수염 속에 숨어 있는 작은 혹까지도 정교하게 묘사할 수 있었던 것이다. 취모구자吹毛求疵라는 사자성어가 있다. '터럭을 불어가며 흠집을 찾는다'라는 부정적인 의미를 담은 말이다. 살짝 바꿔보면, 신홍주 초상은 터럭을 불어서 잘 보이지 않는 작은 혹까지도 찾아낸, 취모구반吹毛求斑의 예라 하겠다. 그리려는 상대의 턱수염까지 들춰본 화원의 세심함은 그야말로 '있는 그대로, 보이는 그대로' 정신의 본보기이다.

몇 년 전 삼성미술관 리움에서 열린 '세밀귀화細密貴華'전에서 신라의 금속공예품과 고려의 나전칠기함螺鈿漆器函을 본 일이 있다. '세밀함의 아름다움'의 극치를 보여주었던 이 유물들에 담긴 정신이 후일 〈신홍주 초상〉에도 그대로 다시 나타났다는 생각을 했다. 그리고 현대건축의 거장 미스 반 데어 로에 Mies Van Der Rohe, 1886~1969가 남긴 명언을 떠올렸다.

"신은 디테일에 깃들어 있다."

16. 김정희 초상

추사의 얼굴에 다녀간 '손님병'의 흔적

추사秋史 김정희金正喜, 1786~1856와 관련한 문헌은 다른 조선시대 인물들에 비하면 수가 아주 많고, 질적으로도 뛰어나다. 그만큼 그는 많은 사람의 존경과 사랑을 받은 조선 후기의 대학자이다. 많은 이들이 추사에 대한 글과 생각을 남겼지만, 나는 추사의 초상화를 바탕으로 나의 생각을 옮겨보려 한다.

당대 최고의 화원인 이한철李漢喆, 1808~?은 마찬가지로 화원이었던 아버지 이의양李義養, 1768~?의 뒤를 이어 화원이 된, 실력 있는 화가였다. 그는 추사의 초상화를 두 점 그렸는데, 그 중 한 점은 유지에 채색한 것으로 간송미술관이 소장하고 있다. 국립중앙박물관이 보관하고 있는 한 점은 흑단령을 입은 추사

김정희 초상. 이한철, 1857년, 비단에 채색, 131.5×57.7cm,
보물 제547호, 국립중앙박물관 보관.

의 모습을 그린, 격식을 갖춘 작품으로 이 걸작에는 추사의 친구 이재彝齋 권돈인權敦仁, 1783~1859의 우정이 어려 있다.

만년을 과천에서 보내던 추사가 1856년철종 7 10월 죽음을 맞고 반년 뒤, 조정에서 그의 관작을 회복한다는 명이 내렸다. 이에 권돈인은 추사의 양아들을 도와 추사 선생의 초상화를 제작하여 영당에 모시게 하고, 그 초상에는 절절한 화상찬을 써서 남겼다.

아! 선생이시여, 嗚呼先生兮
인격은 달빛 아래 맑은 바람이요 朗月光風
성품은 옥이나 금과 같았네. 粹玉良金
실사구시 바탕으로 이룬 학문, 實事求是
산처럼 높고 바다처럼 깊었네. 山海崇深
어찌 도가 컸음에도 운수는 사나웠는가? 夫何道之泰而遇之否兮

내가 추사의 이 초상화를 처음 만난 것은 1979년 가을 국립중앙박물관이 개최한 전시에서였다. 조선시대 초상화에서 피부병변을 하나둘 찾아내면서 한창 '들떠' 있을 때였다. 전시 도록의 겉장에 실린 초상화가 추사의 것이었는데, 그 얼굴에 깔린 옅은 천연두 흉터가 눈에 선명하게 들어왔다. 얼마나 인상이 깊었던지 지금도 당시의 감흥이 생생하다.

살짝 올라간 입꼬리의 미소가 신비하다. 뺨과 코에는 옅은 마맛자국이 보인다.

조선시대의 그 많은 초상화 중 미소를 띤 초상은 많지 않다. 그런데 이 초상화 속의 추사는 눈가와 입술에 부드러운 미소를 띤 온화하기 그지없는 모습이어서 마치 국보 제78호 금동반가사유상의 미소를 보는 듯하다. 레오나르도 다빈치의 〈모나리자Mona Lisa〉에서 보이는 알 수 없는 신비스러운 미소보다도 옅은 미소라는 생각도 든다.

그런데 추사의 그 인자한 얼굴에서 '손님병'이라는 이름으로도 불렸던 천연두가 남긴 흉터를 본 것이다. 당시 천연두가 얼마나 창궐했는지를 짐작할 수 있었지만, 문득 추사는 참 운이 좋았다는 생각도 했다. 천연두에 감염되면 목숨을 잃거나 추사의 초상화에서 보이는 것보다 훨씬 심한 자국이 남는 경우도 많았기 때문이다. 그 무서운 병마가 살짝 스쳐가며 천연두 흉터를 남겼지만, 그래도 추사가 천연두를 극복하고 살아남았기에 조선 후기 문화를 드높일 수 있었다고 생각하니 추사의 행운이 곧 이 나라의 행운이었다는 마음이 든다.

그런데 문득 천연두를 가리키는 두창, 마마 등 다양한 이름 중에 '손님병'이라는 게 있다는 사실이 문득 생각나 그 유래를 알고 싶었다. 그래서 여기저기 알아봤지만 결과는 영 신통치 않았다. 고민하던 중 당시 《조선일보》에 인기리에 연재되어, 나 역시 탐독하고 있던 '이규태 코너'를 떠올렸다. 이규태 선생이라면 답을 알고 있을지도 모르겠다는 생각이 들어 선생에게 전화로 문의했다. 선생은 일면부지인 나를 따뜻하게 대하면서 '손님병'에 대해 간단명료하게 답변해주었다.

첫째, 천연두는 중국 강남에서 도래한 질환, 즉 외래종이다.

둘째, 대부분의 질병은 남성으로 여겨지는 데 반해, 천연두는 여성으로 간주된다.

셋째, 질투심이 많아 예쁜 사람을 보면 못 참아 '할퀸다'.

넷째, 그래서 "먼 이웃 마을에서 천연두 병이 돈다"는 전갈이

오면 젊은 여인네를 비롯해 모두 화려한 옷을 입지 않았으며, 혼사나 가내 경사 잔치를 취하하면서 모두 '근신 모드'의 생활을 했다.

다섯째, 이렇듯이 당시 사람들은 천연두를 손님 모시듯 대했다 하여 '손님병'이라는 병명이 붙었다.

이중 천연두가 중국의 강남에서 유래했다는 이야기에 관심이 갔다. 특히 '마마'라는 호칭이 왕이나 왕족을 극진히 존대해 부르던 '마마'라는 말을 빌린 것이라 가정한다면, 이 역시 '손님병'이라는 이름과 공통분모가 있으며 많은 것을 암시하고 있음을 알 수 있었다. 질병 이름치고는 예사롭지 않다는 생각을 했다.

마지막으로, 이 초상화가 그려진 배경에 대해 다시 한 번 이야기하지 않을 수 없다. 앞서 말했듯 이 초상화는 추사가 죽은 뒤에 그려진 작품이다. 당대의 서화가들이 모여 추사를 모시고 가르침을 받았던 《예림갑을록藝林甲乙錄》 모임에 이한철도 등장하는 것을 보면 그가 추사의 생전 모습을 익히 알고 있었을 가능성은 높다. 하지만 죽은 이를 그린다면 얼굴의 마맛자국 정도는 생략할 수도 있었을 터인데, 이한철은 이를 잊지 않고 그대로 묘사한 것이다. 참으로 철저하게 지켜진 '있는 그대로, 보이는 그대로' 정신의 또 하나의 예가 아닐 수 없다.

17. 홍직필 초상

얼굴에 피어난 발진, 병마에 시달린 흔적

매산梅山 홍직필洪直弼, 1776~1852은 조선 후기 영조 때 태어나 철종哲宗, 1831~1863, 재위 1849~1863 대까지 활약한 학자이다. 자신의 학문을 집대성한 《매산집梅山集》 52권을 남겼다. 그는 일곱 살에 한자로 문장을 지을 만큼 뛰어난 재능을 보였고 평생을 성리학에 전념하며 학문에 힘썼다. 공조참의, 대사헌, 형조판서 등 여러 높은 관직에 임명되었으나 번번이 거절하였다. 1851년철종 2에는 전례典禮를 둘러싼 논란이 일자 재야에 있으면서도 영의정 권돈인과 대립하여 추사 김정희가 북청으로 유배 가게 되는 계기를 만들기도 했으며, 1852년철종 3 세상을 떠났다.

〈홍직필 초상〉에 그려진 그의 얼굴에는 원반모양홍반루

홍직필 초상. 19세기 중엽, 비단에 채색, 61.0×37.5cm, 개인 소장.

얼굴 전체에 루푸스에 따른 것으로 보이는 얼룩덜룩한 흉터가 있다. 오른쪽 눈은 시력을 잃어 눈동자가 흐릿하게 표현되었다.

푸스Discoide lupus erythematousus가 나타나 있다. 원반모양홍반루푸스는 자가면역질환의 일종인 만성질환이다. 첨단의학으로도 치료나 관리가 어려운 난치병이니 당시에는 치료가 훨씬 더 어려웠을 것이다. 초상화 속의 홍직필은 오른쪽 눈을 실명한 것으로 묘사되어 있는데, 이 또한 루푸스의 영향일 수 있다.

홍직필이 앓았던 원반모양홍반루푸스는 피부에 국소적으로 나타나는 질환이다. 특히 얼굴 중앙 부위를 중심으로 나비모

양발진Butterfly rash이 나타났다가, 병세가 꺾이면 피부에 색소 침착을 동반하는 상처 자국을 남긴다. 개인마다 편차가 있지만 일정 기간이 지나면 발진 증상이 재발하고 지저분한 흔적을 남기는 것이 반복된다. 얼굴에 생기는 피부질환은 다른 사람의 눈에 쉽게 띄기 때문에 사회생활을 하는 데 어려움으로 작용한다. 옛날의 선비도 오늘의 우리와 크게 다를 바 없었을 것이다.

그래도 요즘에는 색조 화장품이 발달해 더러는 병의 흔적을 어느 정도 가릴 수 있다. 하지만 화장품 사용은 생각지도 못하던 그 시절에 홍직필은 얼마나 힘들었을까. 그나마 다행이라면, 얼굴에 나타나는 루푸스는 환자의 수명과는 별 관계가 없다. 그가 앓던 질환이 피부에만 부분적, 만성적으로 나타나는 질환이었기 때문에 홍직필은 일흔일곱의 천수를 누릴 수 있었을 것이다. 반면에 루푸스가 온몸에 나타나면 상황은 아주 달라진다. 심장, 신장, 뇌, 관절을 포함한 다양한 체내 기관을 침범하는 전신성루푸스는 아예 다른 차원의 질환으로 분류되어 철저한 치료가 필요하다.

몇 년 전 국내의 한 유명 인사가 루푸스를 앓다가 남편과 함께 목숨을 버렸다는 소식을 접하고 현대의학의 한계에 대하여 생각한 적이 있다. 근래 자가면역질환 관련 신약들이 속속 개발되고 있어, 부부가 동반자살이란 극단적인 수단을 택한 사실이 못내 큰 아픔으로 남았다.

18. 황현 초상

죽음을 각오한 선비,
그 사팔눈에 담긴 개결함

새와 짐승도 슬피 울고 강산도 찡그리네. 鳥獸哀鳴海岳嚬
무궁화 온 세상이 이제는 스러져 가노라. 槿花世界已沈淪
가을 등불 아래 책을 덮고 지난날을 생각하니 秋燈掩卷懷千古
세상에서 글 아는 사람 노릇 참으로 어렵구나. 難作人間識字人

1910년 8월 대한제국의 국권이 일제에게 완전히 넘어가자 지리산 자락 구례에서 매천梅泉 황현黃玹, 1855~1910이 아편을 음독하여 자결하기 전에 남긴 절명시絶命詩다. 그의 시에는 지식인으로서 망국의 슬픔 앞에서 죽음을 택할 수밖에 없었던 심정이 잘 드러난다.

황현 초상. 채용신, 1911년, 비단에 채색, 120.7×72.8cm, 보물 제1494호, 개인 소장.

매천 황현은 세종世宗, 1397~1450, 재위 1418~1450 때 명재상 황희黃喜, 1363~1452의 후손으로, 1885년고종 22에 실시한 과거 시험인 생원진사시에서 장원의 영예를 안을 만큼 장래가 유망한 인재였다. 그러나 당시 혼란한 시국을 개탄하며 한양을 떠나 구례로 낙향해 은둔 생활에 들어갔다. 그러면서 수많은 저서를 남겼는데 그중 《매천야록梅泉野錄》은 1864년고종 1부터 1910년까지 47년간의 다양한 비사祕史를 글로 담아낸 역작이다. 한국 근대사의 귀중한 사료가 아닐 수 없다.

그의 강직한 성품은 나라가 망하는 것을 지켜보며 울분이 밀려오자 자결하는 것으로 귀결되었다. 선비정신의 핵심인 '배움과 행동이 같아야 한다'는 학행일치學行一致를 스스로 보여주고, 우국지사憂國之士의 면모에 조금도 어긋남 없는 본보기가 되어준 선비다. 경외할 따름이다.

황현이 일제의 국권 강탈에 울분을 못 이기고 자결하고 한 해가 지난 1911년, 마침 우리나라에도 사진 예술이 들어오기 시작하던 무렵이었다. 고종高宗, 1852~1919, 재위 1863~1907의 어진을 그린 화가 석지石芝 채용신蔡龍臣, 1848~1941은 황현의 사진을 보고 초상화를 그렸다. 채용신은 어진을 그린 화원답게 그의 몸에 배어 있는 조선시대 초상화의 화법을 충실히 따랐고, 덕분에 〈황현 초상〉은 미술사적으로 특별한 의미를 갖게 되었다. 〈황현 초상〉에는 사진에 나타난 황현의 선비로서의 조용하면서도 당당

황현 사진.
황현이 자결하기 1년 전
김규진이 촬영한 사진으로,
오른쪽 눈의 사시가 눈에
들어온다.

한 몸가짐은 물론, 눈의 사시도 그대로 그려져 있다. 조용한 감동이 밀려온다.

태조 이성계의 이마의 작은 혹까지 스스럼없이 그려 넣으며 시작된, '꾸밈'이라고는 눈곱만큼도 염두에 두지 않은 조선시대 초상화의 전통은 〈황현 초상〉에까지 고스란히 이어져 왔다. 화풍畫風이란 말에는 '그림은 그 시대의 바람을 탄다'는 의미가 함축되어 있다. 그런데 무려 5세기가 넘는 세월에도 흔들리지 않은 조선시대 초상화의 화풍은 세계 미술사에 비슷한 예를 찾아볼 수가 없다. 망국이라는 상황 속에서도 끊이지 않고 지켜

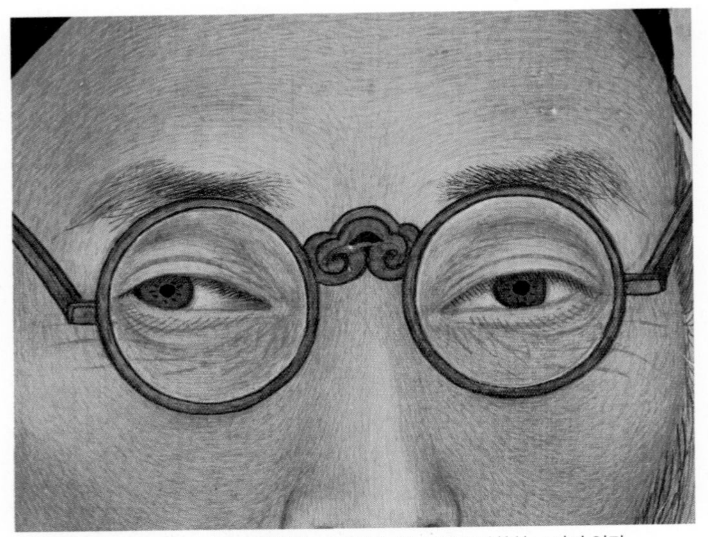

황현의 눈매가 고요하면서도 강렬하다. 오른쪽 눈의 사시가 정확히 그려져 있다.

져 온, 이 놀랍도록 끈질긴 화풍에는 어떤 의미가 담겨 있을까?

조선시대에는 몇몇 이들을 제외하면 어느 개인이 초상화를 갖고 싶다고 하여 자신의 초상화를 마음대로 소유할 수는 없었다. 조선시대 초상화는 국가에 공을 세운 사람을 그린 공신상이나, 고위 관직에 있는 신하에게 임금이 내린 하사품의 성격이 강했다. 따라서 초상화가 그려지는 것은 가문의 영광이었고, 초상화는 자신의 영원히 남겨질 모습이었다. 그런데 대부분의 경우 피사인들은 고령이었고, 심지어 죽음을 앞둔 피사인이 낙향하여 살던 곳으로 화원이 달려가 초상화를 제작하기도 했다. 건강 상태가 좋지 않은 만큼 얼굴에 다양한 피부병이 있었을 테고, 얼굴을 좀 더 나은 모습으로 그려달라 청하고 싶기도 했을 것이다. 그럼에도 조금의 미화도 없이 병이 깊으면 깊은 대로 그 모습을 그대로 담았다. 지금까지 열거하며 살펴본 초상화들에는 그리도 다양한 피부병변이 임상진단을 내리는 데 조금도 모자람이 없을 정도로 정교하게 그려져 있다. 나는 이것이 조선 사회의 정직함을 드러내는 한 단면이라 생각한다.

다음 장에서는 다른 나라들의 초상화와 조선시대 초상화를 비교하려 한다. 서양의 초상화들과 비교하면 우리 초상화의 각별함이 더욱 돋보이고, 또한 같은 동양 문화권 국가인 중국이나 일본의 초상화들과 비교하여 보아도 그 다름이 너무도 확연하여 조선시대 초상화가 가지고 있는 특별함이 더 두드러지게 나타난다.

Ⅲ장

조선시대 초상화, 그 고유함에 대하여

1. 피부병을 찾기 힘든 서양의 초상화

서양 미술사에서 진정한 의미의 초상화가 등장한 것은 르네상스시대 이후이다. 영국과 프랑스의 백년전쟁이 끝난 뒤 이탈리아의 피렌체를 중심으로 일어난 르네상스는 점차 유럽 전역으로 퍼져나갔다. 이는 다시 바로크Baroque 문화와 로코코Rococo 문화로 이어졌다.

미술사학자 빅토리아 찰스는 이 같은 문화계의 변혁을 이끈 동력이 거대 자본을 가진 새로운 계층의 등장과 무관하지 않다고 지적한다. 당시 유럽 전역에는 무역으로 부를 축적하며 급부상한 거상들이 나타나고 있었다. 대표적인 예가 이탈리아 피렌체에 근거를 둔 메디치 가문이다. 이러한 경향은 미술계를

줄리아노 데 메디치 초상.
산드로 보티첼리, 1478년경,
목판에 템페라, 54×36cm,
이탈리아 카라라미술관 소장.

포함한 문화계에 새로운 바람을 일으키는 데 크게 기여했다. 당시 거상들은 자신이 축적한 부를 바탕으로 자기 과시욕을 분출했는데, 그 방법 중 하나가 초상화를 소유하는 것이었다. 이러한 경제적 풍요는 화가들이 사용하는 재료에도 변화를 가져왔다. 화가들은 그때까지 사용하던 템페라에서 벗어나 북유럽에서 처음 만들어진 오일 안료를 사용하기 시작했으며, 그것은 르네상스 미술 발전에 한몫을 했다.

또한 르네상스시대의 시대정신은 인간을 중시하는 인본주의Humanism에 바탕을 두었기 때문에 미술계에서도 인체를 완벽한 모습으로 묘사하려는 경향이 강했다. 이것이 르네상스 시대를 관통한 초상 미술의 핵심 요소이다. 이후로도 약 2세기 반 동안 서양 초상화의 기본은 그대로 이어졌다.

르네상스시대 이후 서양의 초상 미술은 오늘날에 이르기까지 특별한 장르로 자리매김했다. 지금 전 세계 유수의 미술관과 박물관에서 헤아릴 수 없이 많은 인물화와 얼굴 중심의 초상화를 볼 수 있는 것 또한 이 덕분이기도 하다. 캐나다 오타와, 스코틀랜드 에든버러, 스웨덴 마리에프레드, 오스트레일리아 캔버라, 미국 워싱턴 D.C., 영국 런던 등 전 세계 주요 도시에 초상화만 소장, 전시하는 전문 초상미술관이 있다는 사실이 이를 뒷받침한다.

하지만 이처럼 다양한 초상화 작품을 가진 미술관이라 해도 '작품 속 인물의 얼굴에 나타난 피부병변'이라는 키워드를 가지고 살펴보면, 해당되는 작품이 그리 많지 않다. 서양 초상화는 대부분 얼굴 윤곽의 입체감을 높이기 위해 빛이 닿는 부위와 그렇지 않은 부위를 명암을 대조시켜 보여준다. 그런 이유로 얼굴에 나타난 피부병변에 대한 묘사는 상대적으로 미약하다. 스페인의 화가 호세 데 리베라Jóse de Ribera, 1591~1652가 1652년에 그린 〈안짱다리 소년〉처럼 남루한 옷차림의 신체장애 소년을 그린 경우도 간혹 있지만, 얼굴에 나타난 피부병변을 그대로 화폭에 옮긴 경우는 그리 많지 않다.

안짱다리 소년. 호세 데 리베라, 1652년, 캔버스에 유채, 164×94cm, 프랑스 루브르박물관 소장.

노인과 소년. 도메니코 기를란다요, 1490년경, 목판에 템페라, 62×46cm, 프랑스 루브르박물관 소장.

안면의 피부병변을 표현한 몇 안 되는 작품으로는 이탈리아의 화가 도메니코 기를란다요Domenico Ghirlandaio, 1449~1494가 1490년에 그린 것으로 추정되는 〈노인과 소년〉이라는 인물화를 들 수 있다. 이 그림은 피부병변을 사실적으로 화폭에 옮긴 대표적 작품으로 꼽힌다. 작가는 성직자로 보이는 남성 얼굴의 코끝에 비류를 의학적으로 정확하게 묘사했다. 무모증을 묘사한 것으로 보이는 요하네스 베르메르Johannes Vermeer, 1632~1675의 〈진주 귀고리를 한 소녀〉도 주목할 만하다. 하지만 서양의 초상화에서 이러한 예는 매우 드물다.

영국 런던의 국립초상미술관National Portrait Gallery은 1856년 윌리엄 셰익스피어의 초상화를 첫 소장품으로 문을 열었다. 현재 국립초상미술관은 약 1만 점의 초상화를 소장하고 있는데, 소장품에는 인물을 새긴 각종 금속 메달리언medallion이나 크고 작은 흉상도 포함된다. 서양 문화권에서 가장 먼저 초상화에 관심을 가진 미술관일 뿐만 아니라 초상화의 수집, 전시에 매우 중요한 역할을 하는 곳이다. 서양의 초상 미술에 관한한 으뜸가는 보물창고라 할 만하다. 나는 이곳의 상설 전시장에 전시된 1,400여 점의 초상화를 2013년 5월에 가천대 노주영 교수, 연세대 조수현 교수와 함께 검토했다. 공동 검토 결과, 그 많은 전시 작품 중에서 피부병변을 표현한 초상화는 예상한 대로 많지 않았다. 셰익스피어의 초상화를 포함해 일곱 작품에서만

윌리엄 셰익스피어 초상(부분). 존 테일러, 1610년경, 캔버스에 유채, 55.2×43.8cm, 영국 국립초상미술관 소장.

피부병변을 확인할 수 있었다. 윌리엄 셰익스피어가 살아 있을 때 그려진 유일한 초상화라 전하는 이 그림을 보면 코끝 부위에서 작은 혹인 모반세포성모반을 진단할 수 있다.

런던 국립초상미술관은 초상화를 수집하고 보존하는 데 있어 예술성보다는 인물의 역사성에 무게를 두었다고 한다. 하지만 서양 미술의 기본 틀인 빛, 면, 선, 공간 개념에서 벗어날 수는 없었다. 서양에서는 초상화를 그릴 때 정측면상이나 그에 가까운 각도를 취해 미적 측면이 자연스러우나 두드러지게 나타난다. 하지만 얼굴을 세밀하게 묘사하는 데는 한계가 있을 수밖에 없다. 아울러 세계의 초상화 전문 미술관들이 소장한 초상화의 대부분은 왕족, 귀족, 성직자, 전쟁 영웅 같은 피사인들의 업적과 공로를 드러내기 위해 제작되었다. 따라서 과시성이라는 틀을 벗어날 수 없었고, 피부병변 같은 작은 오점은 묻힐 수밖에 없었을 것이다.

서양 미술사에서 사실주의Realism는 19세기 중반에 이르러 프랑스 화가 귀스타브 쿠르베Gustav Courbet, 1819~1877가 만든 개념이다. 사실주의는 당시 유행하던 낭만주의에 대항해 쿠르베가 1855년 자신의 전시회를 열면서 전시장 출입문에 "사실주의, 귀스타브 쿠르베Le Réalisme, G. Courbet"라고 써 붙인 데서 비롯되었다. 《서양미술사》를 쓴 곰브리치는 "그는 작품 활동을 통하여 그 시대를 주도한 아카데미즘에 반기를 들면서 예술

조지 4세 초상.
토머스 로렌스,
1814년,
캔버스에 유채,
91.4×71.1cm,
영국 국립초상미술관
소장.

에 혁명의 바람을 일으키려 했다"라고 지적한다. 하지만 이 사실주의 역시 쿠르베의 "나에게 천사를 보여주면 천사를 그리겠다"라는 말에서 드러나듯 개념적인 의미가 클 뿐, 조선시대 초상화처럼 '있는 그대로, 보이는 그대로' 그리는 사실주의와는 거리가 있다.

1870년대부터 서양 화단에서 인상파Impressionism와 입체파Cubism, 초사실주의Surrealism가 흥기했지만 오늘날에는 추상abstracts 미술과 개념conceptual 미술이 대세라 해도 과언이 아니다. 이같은 사조의 흐름은 초상 미술의 영역과 방향을 완전히

쿠르베 자화상. 귀스타브 쿠르베, 1848~1849년, 캔버스에 유채, 45×37cm, 프랑스 파브르미술관 소장.

바꿔놓았다. 이를 테면 인상파 이후에는 더 이상 초상 미술에서 피부병변 같은 섬세한 묘사를 기대할 수 없고, 추상 미술에 이르면서 그런 경향은 더욱 강해졌다. 결과적으로 서양 초상화의 역사를 의학적 측면에서 고찰하면 피부병변을 있는 그대로 나타낸 초상화는 일부에 불과하다는 사실을, 조선시대 초상화의 특수성을 다시 확인할 수 있다.

베르메르가 그린 소녀는 머리카락이 없었을까

◆

1960년 초 네덜란드의 헤이그에서 미술관을 찾은 적이 있다. 동행한 독일 친구가 바로크시대를 대표하는 '빛의 화가' 렘브란트 하르먼손 판 레인Rembrandt Harmensz van Rijn, 1606~1669이 시체 해부 장면을 그린 작품, 〈니콜라스 튈프 박사의 해부학 강의〉를 보러 가자고 해서 나선 길이었다. 해부학을 공부하던 의대 초년생 시절이니 17세기 당시의 해부 교육 실습 장면을, 그것도 거장 렘브란트의 작품을 통해 볼 수 있다는 설레는 마음으로 미술관을 방문했다. 그때 본 이 그림은 예상보다 감동적이어서 지금까지도 깊은 인상으로 남아 있다. 작품에서 시체를 놓고 인체 해부에 대해 설명하는 주인공이 고무장갑을 끼지 않은 '맨손'이었다는 점도 기억에 남았다. 하긴 고무장갑은 19세기 말이 되어서야 등장했으니 17세기 그림에서 볼 수 없는 건 당연하다. 하지만 지금은 해부 실습 과정에서 고무장갑이 없는 것은 상상할 수 없어서 더욱더 생생하게 기억하고 있는지도 모르겠다.

서유럽의 작은 나라 네덜란드는 실로 많은 화가를 배출했다. 렘브란트, 베르메르에서 안토니 반 다이크Anthony van Dyck, 1599~1641와 고흐에 이르기까지 실로 세계적으로 걸출한 대가들이 즐비하다. 특히 네덜란드, 프랑스 그리고 벨기에 세 나라에 걸친 플랑드르 지방의 화가인 피테르 브뤼헐Pieter Bruegel, 1526~1569, 페테르 파울 루벤스Peter Paul Rubens, 1577~1640까지 포함하면 명실공히 미술 강대국이다. 그래서 네덜란드에서의 미술관 탐방은 알찬 명작 감상의 보금자리이기도 하다.

중세 이후 르네상스시대나 바로크시대 화가들의 작품을 감상하

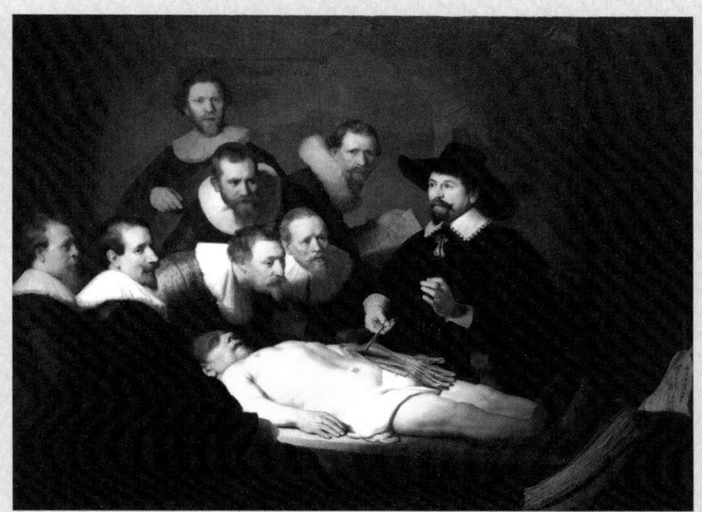

니콜라스 튈프 박사의 해부학 강의. 렘브란트 하르먼손 판 레인, 1632년, 캔버스에 유채, 169.5×216.5cm, 네덜란드 마우리츠하위스왕립미술관 소장.

면서 베르메르의 작품을 화보나 각종 미술 자료에서 자주 보았다. 그런데 그중에서도 〈진주 귀고리를 한 소녀〉를 볼 때면 오래전 렘브란트의 〈니콜라스 튈프 박사의 해부학 강의〉를 보러 들렀던 그 미술관에서 〈진주 귀고리를 한 소녀〉도 감상한 기억이 아련히 떠오르곤 했다.

나는 오래전부터 미술품을 감상하는 데 많은 즐거움을 느꼈다. 특히 피부과학을 전공한 덕에 초상화에 묘사된 다양한 피부병변들이 눈에 들어오면서 더욱더 흥미를 갖게 되었다. 그런 면에서 베르메르의 작품 〈진주 귀고리를 한 소녀〉는 아주 각별하다. 몇 해 전 헤이그를 방문했을 때 '아름다운 소녀'를 다시 만날 수 있다는 기대로 들뜬 마음을 가누기 힘들었다. 오래간만에 이 그림을 다시 보는 기쁨을 마음껏 누리기 위해 여유 있게 그림을 보고 또 보았다. 그런데 갑자기 소녀의 얼굴에서 눈썹이 보이지 않는다는 사실을 깨달았다. 더 자세히 보니 속

진주 귀고리를 한 소녀. 요하네스 베르메르, 1665년경, 캔버스에 유채, 165×94cm,
네덜란드 마우리츠하위스왕립미술관 소장.

눈썹도 거의 볼 수 없었다. 소녀의 머리 부분을 장식한 모자형 터번 머리 가리개도 새삼스럽게 느껴졌다. 소녀가 전신성무모증은 아니었을까 하고 직감했다. 어린 소녀가 살면서 겪었을 마음고생을 생각하니 측은한 마음이 밀려왔다.

이후 베르메르가 그린 다른 작품들을 세심하게 살펴보면서 그런 생각을 더욱 굳혔다. 〈부엌〉, 〈연주〉, 〈레이스를 짜는 사람〉 등에 등장하는 여인들에게서는 풍성한 머릿결과 눈썹을 볼 수 있다. 특히 부엌일을 하는 여인의 흰 머릿수건 아랫부분에 머릿결이 살며시 보인다. 〈진주 귀고리를 한 소녀〉를 제외하고 다른 인물화에서는 정상적인 머리카락과 눈썹을 볼 수 있다.

이와 달리 〈진주 귀고리를 한 소녀〉의 경우는 머리 부분을 예쁘게, 그러나 철저하게 터번으로 '감쌌다'는 느낌을 지울 수 없다. 전신성무모증은 병명 그대로 온몸에 머리카락은 물론 털이 전혀 없는 상태를 뜻한다. 호르몬계에 이상이 생겨 발생하는 전신성 질환으로 현대 의학에서도 아직 특별한 치료 방법이 없는 난치성 희귀질환 중 하나다. 일상생활에는 큰 지장이 없다고는 하지만 성장기 소녀가 겪어야 할 심리적 부담은 이루 헤아릴 수 없었을 것이다.

그런데 베르메르의 〈진주 귀고리를 한 소녀〉 외에도 눈썹이 없는 여인들을 서양의 그림에서 종종 볼 수 있다. 서양 미술에 관심을 가진 사람이라면 레오나르도 다빈치의 〈모나리자〉를 모를 리는 없을 성 싶다. 파리에 가는 사람이라면 거의 예외 없이 루브르박물관을 찾는데, 루브르박물관을 찾는 가장 큰 이유도 〈모나리자〉를 보기 위해서일 게다. 〈모나리자〉에 얽힌 이야기는 끝이 없을 정도이다. 1962년 〈모나리자〉가 삼엄한 경호를 받으며 대형 여객선으로 미국 나들이를 나서면서 전 유럽이 떠들썩했던 기억이 난다. 혹시라도 불상사가 일어날까

모나리자.
레오나르도 다빈치,
16세기 초, 목판에 유채,
77×53cm,
프랑스 루브르박물관 소장.

봐 온통 난리를 피웠다. 유럽인들이 〈모나리자〉를 얼마나 소중하게 아끼는지를 가늠할 수 있다.

그런데 그 유명한 〈모나리자〉를 아무리 열심히 보아도 눈썹이 보이지 않는다. 여기에 관심을 가지게 되는 것은 나의 직업 정신과 무관하지 않을 것이다. 그 외에도 비슷한 시기 여성을 그린 초상화에서 눈썹 없는 여인들을 보는 것은 그리 어렵지 않았다.

그렇다면 〈모나리자〉를 비롯한 여인들이 모두 무모증일까? 그렇지는 않다. 그녀의 길고 빛나는 머릿결로 보아 〈모나리자〉는 무모증이 아님을 알 수 있다. 그렇다면 왜 〈모나리자〉는 눈썹이 없는 것일까? 그래서 다빈치와 가깝게 교분을 나누기도 한, 미켈란젤로, 다빈치와 더

막달레나의 초상화.
라파엘로 산치오, 1506년,
목판에 유채, 63×45cm,
이탈리아 피티미술관 소장.

불어 르네상스 3대 화가 중 한 명인 라파엘로Raffaelo Sanzio, 1483~1520의 작품인 〈막달레나의 초상화〉와 비교해 보았다. 라파엘로 역시 초상화에서 눈썹을 아주 흐리게 처리하였다. 많은 초상화를 남긴 영국의 엘리자베스 1세의 초상화들도 경우에 따라 눈썹을 짙게 그리기도 하고, 옅게 그리기도 한 것을 볼 수 있다. 그 시대의 여인들이 눈썹을 미는 것은 당시의 시대적 유행이었고, 꾸밈이었다. 그 결과 초상화에도 여인의 눈썹이 아주 희미하게 처리된 것이다. 기준은 달라도 시대마다 아름다움을 추구하는 것은 동양과 서양, 예나 지금을 막론하고 인간의 본성인가 보다.

2. 과시와 조상숭배, 중국의 초상화

조선시대 초상화와 중국 초상화는 여러 면에서 동일성이 있다. 일단 서양 초상화가 캔버스 바탕에 오일 안료로 그린 것이라면, 동양의 초상화는 비단 바탕에 채색 안료를 써서 그린 후 족자를 만들었다는 공통점이 있다. 또한 개념적으로도 공통점을 가진다. 중국 남북조시대에 이미 '신정묘출神情描出'이란 표현이 등장하는 것으로 보아 초상화를 제작할 때 피사인의 모습을 그리는 형사形寫와 더불어 마음과 혼을 화폭에 담으려는 전신사조傳神寫照가 나타났다고 볼 수 있다. 조선미 교수는 《초상화 연구》에서 이를 일컬어 "그려지는 대상 인물의 신정묘출, 즉 전신이 요구됨으로써 초상화의 질적 수준을 고양시키는 계기가 되었다"라고 지적했다. 전신사조라는 의미에서 조선시대 초상화와 중국 초상화는 큰 차이가 없다.

또한 조선시대 초상화와 중국 초상화는 모두 유교 사상이 바탕을 이루고 있다. 유학자들은 조상을 섬기기 위해 초상화를 제작하고, 이를 가문의 영정으로 삼아 사당에 봉안하는 것을 효孝를 실천하는 최상의 방안으로 여겼다. 유홍준 교수가 《한국의 초상화》에서 지적했듯 유교는 사회 전반에 걸쳐 그랬던 것과 마찬가지로 초상화 문화 역시 견인했다. 이태호 교수는 《옛 화가들은 우리 얼굴을 어떻게 그렸나》에서 "문인 초상화들이 조선시대를 대표하고도 남을 만하다. 조선은 유교 이념을 기반으로 선비가 주도하는 사회였다. 그들의 중추적 역할은 현존하는 사대부 초상화를 통해서도 잘 드러난다"라고 했다.

이처럼 중국의 문물이 이 땅의 문화예술에 적지 않은 영향을 끼친 것은 익히 알려진 사실이다. 그런 맥락에서 조선시대 초상화의 뿌리가 명나라에서 시작된 초상화 문화에 있다는 점도 부인할 수 없다. 하지만 조선시대 초상화는 그 뿌리의 한계를 훌쩍 뛰어넘어 우리의 새로운 문화 아이콘으로 자리매김하였다. 이를 명나라 이후 중국 초상화의 역사를 짚어보며 다시 확인해보자.

중국 초상화는 명나라 때 새로운 부흥기를 맞이한다. 몽골족이 세운 원나라를 멸망시킨 한족은 새로운 중국을 건국하면

주원장 초상. 15세기, 비단에 채색, 268.8×163.8cm, 대만 국립고궁박물원 소장.

서 민족적 자존심을 부각시키기 위한 노력의 일환으로 문화계에서도 큰 변화를 일으켰는데, 그중 하나가 역대 황제들의 초상을 제작하는 일이었다고 조선미 교수는 지적한다.

대만 타이베이 국립고궁박물원에 소장되어 있는 명 태조 주원장朱元璋, 1328~1398의 초상화에는 명나라를 건국한 권력자의 존엄과 권위가 강하게 묘사되어 있다. 다부진 표정의 이 초상화에서는 그 어떤 피부병변도 볼 수 없다. 그러나 주원장의 다른 초상화에는 천연두 흉터로 여겨지는 피부병변이 그려져 있다. 이에 대해 조선미 교수는 이렇게 적었다.

> 한편 민간신화에 기초하여 홍무제洪武帝: 명 태조 주원장의 연호를 따서 부르는 호칭의 얼굴에 나타난 점을 어릴 때 앓은 천연두의 흔적으로 보고, 치명적인 질병에도 굴하지 않은 홍무제의 특별한 자질을 상징한다고 보기도 합니다. 또 점(흉터)의 개수가 정확히 72개이고 북두칠성의 모양을 띠고 있다고 보아 이를 도교와 연관시키기도 합니다. 도교에선 72를 팔괘 및 북두칠성과 관련시키는데, 북두칠성은 귀신을 몰아내는 별자리로 72지살성地煞星을 모두 모으고 정복한 자는 하늘의 인정을 받는다고 전해옵니다. 따라서 72개의 점은 홍무제가 천자라는 표시입니다. _《왕의 얼굴 - 한·중·일 군주 초상화를 말하다》

주원장 초상.
황제로서의 권위를 강조한 공식적인 초상화와는 달리 턱이 튀어나오고 얼굴에는 점이 가득하다. 명태조의 이러한 초상화는 여러 점이 전한다.

여기서 지적하고자 하는 것은, 얼굴에 점 혹은 흉터가 가득한 주원장의 초상화가 '있는 그대로, 보이는 그대로' 그리는 것과는 거리가 먼 면상학面相學적 접근의 결과물이라는 사실이다. 다만 당시 시대적 상황을 감안하면 주원장이 천연두를 앓았을 가능성은 매우 높다.

마닐라에서 마카오로 통해 종두種痘가 전래된 과정이 1817년에 편찬된 《인두략引痘略》에 언급되어 있고, 일본이 천연두를 물리치기 위해 중국을 통해 우두牛痘와 관련된 지식을 들여왔음을 김옥주 교수가 〈에도 말 메이지 초 일본 서양의사의 형성

서위 자화상.
명나라의 화가 서위가 자신의
얼굴을 그렸다. 수심 가득한
표정의 얼굴에 얽은 자국이
뚜렷하게 눈에 띈다.

에 대하여〉라는 논문에서 밝힌 바 있다. 이를 보면 중국과 일본에서도 천연두라는 전염병이 사회적 난제였다는 사실을 추리할 수 있다. 그럼에도 중국 초상화에서는 그 흔적을 쉽게 찾을 수 없다. 이것이 조선시대 초상화와 크게 다른 점이다.

명나라 후기 회화사에 뚜렷한 발자취를 남긴 서위徐渭, 1521~1593의 자화상에서는 천연두 흉터를 볼 수 있다. 서위의 회화를 연구한 손미선이 1994년 발표한 논문에서 서위가 순탄치 않은 삶을 살았다고 언급하였듯이 그의 눈가에는 서글픔이 배어 있다. 〈서위 자화상〉에는 천연두 흉터와 무관하지 않을 심리

상태를 볼 수 있다. 미술심리학적 시각에서 보면 이 작품은 동양 초상화의 궁극적 목표이기도 한 전신화傳神畵의 좋은 본보기이다. 하지만 대부분의 중국 초상화에서는 천연두 흉터를 찾아볼 수 없다. 이는 초상화의 주인공을 과시하려는 의도의 결과라고 여겨진다. 조선미 교수가 《초상화 연구》에서 지적했듯 "화가가 너무 작고 사소한 것에 급급하면 크고 중요한 것을 잃는다[畵者謹毛而失貌]"라는 경구에 크게 영향을 받은 결과로도 볼 수 있다.

명나라와 청나라의 초상화를 연구한 조인수는 2008년 발표한 논문에서 명나라 때 조상숭배의 일환으로 조종화祖宗畵가 널리 퍼졌음을 밝혔다. 당시 사람들은 조상을 기리는 제사에 초상화를 모시는 것이 가문의 힘을 과시하고 동시에 더 큰 효심으로 조상을 정성껏 모시는 것이라 여겼다. 이런 사회 분위기는 초상화의 대중화에 크게 기여했으며, 이러한 흐름은 청나라 때 이르러 여러 세대의 조상을 한 화폭에 그리는 가계보家繼譜 개념의 선세도先世圖로 이어졌다. 특히 청 대 중엽부터 산시山西 지방을 중심으로 여러 세대의 조상들을 한 화면에 한꺼번에 그리는 선세도가 크게 유행하였다. 적게는 네 명에서 많게는 수백 명의 조상들로 빼곡하게 커다란 화면을 가득 채운다.

중국은 오랜 역사 속에서 수많은 초상화를 남겼고, 왕조에 따라 초상화 제작의 기법에 변화가 있었다. 그 다양성을 긍정적

왕씨선세초상. 19세기 말, 종이에 채색, 161.0×90.5cm, 개인 소장.

으로 볼 수도 있으나, 초상화 전체의 흐름을 평가하는 데는 질의 기복이 있을 수밖에 없다는 뜻이기도 하다. 명 대 초상화에서는 피부병변을 볼 수 있다. 그러나 천연두 흉터나 흑색황달과 같이 심한 피부병변은 제한적으로 볼 수 있을 뿐이다.

반면 조선시대 초상화에는 변함없이 지켜온 철칙이 있었다. 화원이 누군가의 초상화를 제작하면서 반드시 지켜야 할 규칙은 '있는 그대로, 보이는 그대로'의 얼굴을 화폭에 담아야 한다는 것이었다. 이러한 화법은 앞에서 언급하였듯이 조선왕실의 기록인 《승정원일기》 1688년숙종 14 3월 7일자에 명확하게 나타난다.

> 선유들이 이른바 '털끝 하나 머리털 한 가닥, 조금이라도 혹 차이가 나면, 곧 다른 사람이다'라고 한 것은 과연 바꿀 수 없는 견해이다.[先儒所謂 一毛一髮 小惑差殊 卽便是別人者 誠是不易之論]

《승정원일기》의 이 기록은 송나라 때 대유학자 형제인 정명도程明道, 1032~1085와 정이천程伊川, 1033~1107 이二 정자程子의 말, "사람이 부모의 진영을 그릴 때, 털 하나 머리카락 한 올이라도 같지 않다면 그것은 곧 부모가 아니다[人寫父母之眞 一豪一髮不似 則非父母矣]"를 원용한 것으로 여겨진다. 이런 정신적 신념을 바탕으로 '있는 그대로, 보이는 그대로'라는 간단하지만 강직한 지침과 전신사조의 전통은 조선시대를 관통해 면면히 지켜져 왔을 것이다. 이는 미술사적 의미를 넘어 조선시대의 높은 선비정신을 반영한 결과로 여겨진다. 이를 두고 김형국 교수는 "서양 유화의 초점이 인물화였듯, 조선시대 그림의 정화精華 또한 지도층의 초상화였다. 옛 초상화가 인물 정체성 담기에 지성이었음은 '끊임없이 움직이는 렌즈가 맺는 상像이 시간을 초월한 형태와 표정과 내용의 조화에 도달한 절정'인 '결정적 순간'의 포착에 일생을 걸었던 초상사진의 전설 카르티에-브레송보다 한참 앞섰다"라고 말한 바 있다.

조선시대 초상화 제작의 원칙은 실로 특기할 만한 미술사적 의미를 가진다. 안휘준 교수도 《한국의 초상화》에서 조선시대 초상화에 대해 "정직한 표현이 높이 평가됩니다. 실물보다 낫게 꾸며서 그리려 하지 않았습니다. 화가의 눈에 비치는 대로, 있는 그대로 표현하였습니다. … 이처럼 진솔한 초상화를 남긴 나라는 세상에 조선시대 우리나라밖에 없습니다"라고 평가했듯이 이는 분명 중요한 역사적 발자취라 여겨진다.

3. 도식화된 권위, 일본의 초상화

한편 일본 초상화에는 중국과 조선의 초상화와 또 다른 특징이 있었다. 조선미 교수는 일본 초상화에 대해 이렇게 말한다.

> 귀족은 서민과는 달리 고매한 존재로, 냉정하고 침착하게 행동하며 내적 감정을 드러내지 않아야 했습니다. 그러기 위해서는 원만하고도 품격 있는 얼굴 표정을 보여 주어야 한다는 고정관념이 내재하고 있습니다. 그래서 귀족에게는 "히키메가기하나 기법引目鉤鼻 技法, 실눈 매부리코 기법이라는 얼굴 표현법이 구사되었습니다. 이 기법은 아랫볼이 불룩한 둥근 얼굴에 두꺼운 눈썹, 가늘게 일선으로 그어진 눈, 'く' 자형 코 그리고

조그마한 붉은 점을 찍은 입으로 이루어진 얼굴 묘사법입니다. _《왕의 얼굴 - 한·중·일 군주 초상화를 말하다》

일본 초상화의 바탕에 깔린 생각은 전신화 사상, 즉 화가가 피사인의 정신과 마음을 화폭에 옮기는 것과는 많이 다르다. 더욱이 사람의 얼굴을 다양하게 그리는 대신, 도식적으로 표현했다는 사실을 생각하면 일본의 초상화가 우리의 초상화와 근본적인 정신 면에서 크게 다르다는 것을 알 수 있다. 일본 초상화에서는 고승의 초상화를 제외하면 피사인의 안면은 하얗게 칠해지는 경우가 대부분이다.

이처럼 일본에서는 초상화는 대체로 군주의 권력을 유지하는 수단으로 이용되었다. 권력자의 실제 모습이 초상화를 통해 노출되면 화를 입을 수도 있다고 우려해 초상화를 왜곡시킨 것이라는 견해도 있다. 조선미 교수는 이에 대해 다음과 같이 적었다.

서민들이 등장하는 〈시기산연기 에마키信貴山緣起繪卷〉를 보면, 서민들은 하키메가기하나 기법과는 거리가 먼, 소묘적으로 과장된 면모를 보여 주고 있습니다. 이와 같은 서민들의 표정과는 상반되는 귀족들의 무표정하고 비개성적인 유형 표현의 배경에는 당대 상류 귀족이 자신을 서민과 구분 짓고

격리하고자 하는 의식이 숨어 있는데, 이것은 곧 자신을 드러내는 데 대한 불안과 기피에서 비롯된 것입니다. _《왕의 얼굴 - 한·중·일 군주 초상화를 말하다》

일본 교토의 고다이지高台寺라는 절에는 일본 전국을 통일하고 임진왜란을 일으켜 조선을 침략한 도요토미 히데요시豊臣秀吉, 1537~1598의 초상화가 있다. 이 그림은 가노 산라쿠狩野山楽, 1559~1635가 그린 것으로 알려져 있는데, 도요토미 히데요시가 1598년 사망하기 직전 또는 직후에 제작된 것으로 보인다. 일본 태정관太政官에서 1880년에 발행한 《일본서교사日本西教史》라는 책에 따르면 도요토미의 사인으로 뇌매독腦梅毒, Cerebral syphilis, 이질痢疾을 언급하고 있다. 그 밖에도 노쇠무의식老衰無意識, 실금失禁, 요독증尿毒症, 각기脚氣 등이 유력한 사인으로 떠오른다. 일본의 뇌신경외과 의사인 와카바야시 도시미쓰도 자신의 저서 《수명전쟁-무장열전壽命戰爭-武將列傳》에서 도요토미의 사인을 요독증과 각기로 설명했다.

이를 풀어서 설명하면, 노쇠무의식은 임상적으로 간암 또는 간경변증 말기의 전형적인 증상인 혼수 상태로 추리할 수 있다. 요독증은 간질환 말기에 나타나는 복수 현상에서 비롯하는 배뇨 장애이다. 특히 기록에 언급된 각기는 간경변증이 혈중 알부민Albumin 농도를 저하시켜 생기는 부종浮腫, Edema을 의미

도요토미 히데요시 초상. 가노 산라쿠, 1598년경, 비단에 채색, 111.0×62.2cm, 일본 고다이지 소장.

한다고 볼 수 있다. 위의 소견을 종합하면 도요토미 히데요시의 사인은 간경변증으로 진단할 수 있을 것이다. 그런데 간경변증을 앓고 있었을 가능성이 높은 도요토미 히데요시의 얼굴에는 간경변증의 전형적인 증상인 어두운 얼굴색이 전혀 드러나지 않고, 오히려 지나치게 하얗게 그려져 있다.

도요토미 히데요시를 뒤이어 일본을 통치했던 에도 막부의 초대 쇼군, 도쿠가와 이에야스德川家康, 1543~1616는 위암, 식중독과 함께 토혈吐血, Hematemesis과 흑색변黑色便, Melena 등이 원인이 되어 사망했다고 알려져 있다. 흑색변은 위암인 경우에 나타나지만 혈액구토증을 뜻하는 토혈은 간경변증 말기의 전형적인 임상 증상의 하나로 식도정맥류食道靜脈瘤, Eesophageal varices가 파손되어 피를 토하는 현상이다. 따라서 도쿠가와 이에야스 역시 만성간질환이 사망 원인이라고 여겨진다. 말기 만성간질환의 특징은 안면 피부색이 검어지는 것이다. 도요토미 히데요시와 도쿠가와 이에야스가 사망할 무렵 얼굴이 검었다는 기록도 남아 있다. 하지만 초상화는 실제와 다르게 얼굴이 하얗다. 그런 관점에서 살펴보면 기록에 나타난 도쿠가와 이에야스의 사인과 초상화의 얼굴 피부색이 전혀 일치하지 않음을 알 수 있다.

도요토미 히데요시나 도쿠가와 이에야스의 초상에는 조선시대 초상화에서 볼 수 있는 황달 또는 흑색황달 같은 만성간질환 환자에게서 나타나는 얼굴색이 드러나지 않는다. 이 두

도쿠가와 이에야스 초상(부분). 17세기, 비단에 채색, 82.9×41.0cm,
일본 교토대학교박물관 소장.

초상화 외에도 일본 초상화에서는 안면에 나타나는 피부병변을 보기가 어렵다. 이런 경향은 조선시대 초상화와는 판이하게 다른 현상이다. 1983년 경주에서 열린 한일피부과학회에서 '조선시대 초상화에 나타난 피부병변'이란 주제로 특강을 한 적이 있다. 내 강의를 들은 일본 동료 교수들은 일본 초상화에서도 피부병변을 찾아보았으나 없었다고 알려주었다. 여기서 우리는 일본 초상화의 한계를 보게 된다.

마지막으로, 도쿠가와 이에야스의 초상화를 다시 보자. 전반적인 채색은 비교적 차분하지만, 의상의 양 어깨선이 일직선과 날카로운 각으로 처리되어 긴장이 감돈다. 또한 왼손에 기다란 칼을 거머쥐고 있는데 겹겹이 입은 도포자락 끝으로 그 날렵한 칼끝이 보인다. 살벌함마저 느끼게 하는, 중국 초상화와는 또 다른 방식의 권위의 표출이다. 일본 문화를 '국화와 칼'이라는 두 단어로 절묘하게 요약하고 상징화한 미국의 인류학자 루스 베네딕트Ruth Benedict, 1887~1948를 다시금 떠올리지 않을 수 없다. 그에 반해 조선시대 초상화를 보면 참으로 밝고 온화하기가 그지없다.

이런 차이는 다른 분야에서도 드러난다. 일본 건축의 미는 직선과 같은 간결함에 내재되어 있는 긴장감에 있다. 거기서 일본인은 일본 특유의 아름다움을 찾아냈다. 일본의 저명 언론인 후지모토 도시카즈는 이를 두고 일본인은 "긴장의 아름다움"을 추구한다고 하였다. 일본의 정원이 철저하게 계획대로 꾸며져 있는 것, 서까래가 대패를 이용해 직선직각으로 다듬어져 있는것, 바닥은 형태와 넓이가 규격화된 다다미로 꾸며져 있는 것, 지붕의 선이 일직선인 것은 모두 결코 우연이 아니다.

그러나 인간과 자연의 공존을 주장하며 환경운동에 앞장섰던 프리덴슈라이히 훈데르트바서Friedensreich Hundertwasser,

1928~2000는 "직선에는 신神이 없어 비도덕적이다. 직선은 창조적이지 않아 재생산적일 뿐이다", "우주에는 직선이 존재하지 않는다"라고 말하며 직선을 기피하였다. 그의 예술혼을 따른다면 일본의 문화에서는 인위적인 면을 배제할 수 없다. 즉 일본의 미는 긴장과 인위적인 것이 엮어낸 결과물이다.

반면 한국의 미는 여유로움의 미이다. 한국의 정원은 '썰렁함의 문화'라는 말이 어울릴 정도로 자연 그대로를 최고의 아름다움으로 추구하였고, 건물의 서까래는 별로 다듬지 않은 통나무를 그대로 사용하는 경우도 있다. 건축의 지붕선 역시 긴장감을 늦춘, 지극히 자연에 가까운 편안한 선이다. 우리나라 산속 곳곳에 깃든 천년 고찰들은 물론, 궁궐의 전각까지 그 지붕선이 한결같이 여유로움의 미를 품고 있다는 점에서 그 의미를 되새기게 된다.

조선시대 초상화에 접근하면서 '화려하지 않아 담백한, 꾸밈이 없어 소박한, 욕심이 없어 정직한 아름다움'의 결집이 결코 짧지 않은 다섯 세기 동안 이 땅에서 흔들림 없이 표출되고 이어져왔다면, 이는 분명 문화의 한 양상이라 할 수 있다. 그런데 놀랍게도 다른 분야에서도 같은 맥락의 흐름을 확인할 수 있다. 마치 입체적인 '어깨동무 춤'을 보듯이 말이다. 그리고 이는 다른 문화와 비교할 때 더욱 확연히 드러난다.

빨간 립스틱을 바른 조선 선비?

◆

조선시대 초상화를 들여다보면 참으로 많은 문화 콘텐츠가 숨어 있다. 시쳇말로 스토리텔링감이 무궁무진하다고 할까. 그도 그럴 것이 조선시대의 여러 문화 장르 가운데 초상화처럼 500년 넘게 변함없이 지속성을 견지해온 예가 동양은 물론 세계 미술사에서도 유례를 찾을 수 없기 때문이다.

그런데 국립중앙박물관에 소장된 초상화들 가운데 특이한 초상화가 있다. 피사인의 복식으로 보아 주인공이 조선 관리인 것은 확실한데, 앉은 자세를 하고 있다. 도요토미 히데요시, 도쿠가와 이에야스의 초상화가 그러하듯 피사인이 방석에 앉은 자세를 취하는 것은 일본 초상화의 특징 중 하나이다.

그 외에도 조선시대 초상화에서는 거의 찾아볼 수 없는 특징이 여럿 보인다. 그중 한 가지는 얼굴을 흰색 단색으로 칠한 것이다. 조선시대 초상화를 대표하는 작품이라 할 수 있는 〈윤두서 자화상〉과 비교하면, 〈윤두서 자화상〉은 안면을 연한 노란색으로 처리한 뒤 색조의 강약을 통해 좀 더 입체적 느낌을 더하고 있다. 하지만 이 초상화는 얼굴이 흰색으로 처리되어 있어 흔히 보는 조선시대 초상화보다 훨씬 평면적으로 보인다. 두 초상화는 입술 색도 완연히 다르다. 〈윤두서 자화상〉에 묘사된 윤두서의 입술은 자연스러운 붉은 색인데, 족자 속 선비의 입술은 생각보다 더 진한 빨간색이어서 마치 립스틱을 바르기라도 한 것 같다.

이 초상화의 주인공에 대해 좀 더 관심을 갖고 깊이 살펴보자. 초상화의 주인공은 조선 후기의 문신 조태억趙泰億, 1675~1728이다. 조태억

조태억 초상. 가노 쓰네노부, 1711년, 97.5×49.1cm, 국립중앙박물관 소장.

통신사행렬도 사본(부분). 1711년의 통신사행렬을 그린 일본 그림의 사본으로, 정사가 묘사된 부분을 확대하였다. 가마를 타고 있는 이가 바로 조태억이다.

은 호는 겸재謙齋 또는 태록당胎祿堂이며, 병조판서와 우의정, 좌의정을 지낸 인물로 《겸재집謙齋集》이라는 저서를 펴냈다. 사후에 문충文忠이라는 시호를 받았다.

〈조태억 초상〉은 1711년숙종 37, 조태억이 조선통신사朝鮮通信使 정사正使가 되어 일본을 방문했을 때, 일본 막부의 어용화가 가노 쓰네노부狩野常信, 1636~1713가 그린 것이다. 초상화의 좌하단에 가노 쓰네노부의 호인 "고천수古川叟"가 적혀 있어 이를 확인할 수 있다. 조태억은 통신사로 일본에 다녀오면서 일본 측의 의전 담당자인 유학자 아라이 하쿠세키新井白石, 1657~1725와 필담으로 대화를 나누는 등 다양한 교류를 하였는데, 이 초상화가 그려진 것 또한 그 일환이었을 것이다. 그런 역사적 배경을 알고 나면, 이 그림에서 조태억이 빨간 립스틱을 바른 듯한 모습으로 묘사된 이유를 이해할 수 있다.

조태억 초상의 얼굴 부분(왼쪽)과 윤두서 자화상(오른쪽)의 비교. 전형적인 일본 화풍으로 그려진 조태억 초상의 입술과 피부의 색이 윤두서 자화상의 그것과 완전히 다르다.

앞에서 살펴보았듯이 일본 초상화는 "귀족은 아랫볼이 불룩한 둥근 얼굴에 두꺼운 눈썹, 가늘게 일선으로 그려진 눈, < 자 모양 코, 그리고 조그마한 붉은 점을 찍은 입으로 이루어진 얼굴 묘사법"을 따랐다. 그러다 보니 일본 화가가 그린 〈조태억 초상〉 또한 일본 초상화의 묘사법을 따른 것이다. 일본이나 중국의 초상화가 지닌 미술사에서의 의미를 떠나 조선시대 초상화는 중국이나 일본의 초상화와는 달라도 너무 다르다는 점을 되새기게 된다.

4. 선비정신을 담은 조선시대 초상화

'조선시대는 초상화의 시대'라고 불린다. 이는 다른 문화유산들과 비교해보더라도, 다른 시대와 비교하여 훌륭한 초상화들이 유독 많다는 것을 의미한다. 근래 의학계에는 '근거바탕 의학EBM, Evidence Based Medicine'이라는 새로운 지침이 있다. 의학교육, 의학연구 및 임상진료를 진행함에 있어 확실한 과학적 데이터의 근거를 가지고 해야 한다는 뜻이다. 이를 조선시대 초상화에 적용하면, 조선시대 초상화는 근거에 충실하고 정확하게 피사인의 얼굴을 관찰한 뒤, 제작하여 온 '근거바탕 초상화Evidence Based Portrait'인 셈이다.

조선시대는 또 다른 의미에서 초상화의 시대였다. 조선왕조를 지탱한 선비들의 정신을 가장 명료하게 투영한 것이 바로 조선시대 초상화이기 때문이다. 조선시대 초상화의 특징 가운데 다른 나라의 초상화와 비교해 두드러지는 차별점은 중국이나 일본의 초상화에는 과시성이 강조된 반면, 조선시대 초상화에는 과시나 권위와는 무관한 피부병변이 가감 없이 묘사되어 있다는 점이다. 그래서 조선시대 초상화에는 '담백함의 아름다움'이 깃들어 있다.

또한 조선시대 초상화를 연구하며 여러 번 감동을 느꼈지만, 감동을 넘어 경외감마저 느낀 것은 피부병변을 가진 수많은 사람들이 최고위 관직에 올랐다는 사실이다. 나는 그것이 조선 사회의 포용성을 드러내는 한 단면이라고 확신하게 되었다. 이 또한 조선시대 초상화에 담긴 자랑스러운 선비정신의 한 단면이다. 《승정원일기》와 조선왕조실록이 조선이라는 나라의 글자 형태의 기록문화라면, 조선시대 초상화는 그에 버금가는 그림 형태의 기록문화이다. 조선시대 초상화는 면면히 이어져 온, 민족혼이 서려 있는 꾸밈이 없는 순박한 문화유산이며, 정직한 문화사적文化史蹟이다.

하지만 이런 귀중한 초상화들은 지금 어떻게 관리되고 있는가? 초상화를 구성하는 재료 면에서 서양 초상화는 캔버스 위에 오일 안료를 쓴 유화가 기본이다. 그에 반해 조선시대 초상화는 종이, 혹은 종이 위에 비단을 접합한 것에 수성水性 안료로 그려졌다. 또한 조선시대 초상화는 대부분 족자 형태로 되어 있어 간편하게 말아 오동나무 상자에 보관할 수 있다는 것도 특징이자 차별점이기도 하다.

조선시대 초상화의 주재료인 비단과 종이는 훨씬 손상되기 쉽다. 또한 안료가 수성이기 때문에 휘발성이 높을 뿐만 아니라 시간이 지나감에 따라 건조 현상이 유화보다 빨리 온다는 물리적 단점이 있다. 족자를 펼치고 접을 때마다 초상화가 물리적으로 미세한 상처Ultramicro trauma를 입는다는 사실 또한 감안하여야 한다. 그렇기에 유화에 비하여 관리 환경, 즉 온도 및 습도를 더 세심하게 유지해야만 한다.

위와 같은 여건을 감안하면 국내 초상화의 관리 현황은 염려스럽기 그지없다. 게다가 국가적 유물로 지정된 수많은 초상화들이 각 문중門中 차원에서 보관, 보존되고 있는 것이 현실이다. 소수의 경우를 제외하고는 초상화가 항온항습恒溫恒濕 조건에서 관리 보존되고 있지 아니하다는 뜻이다. 이런 이유로 총 519점의 초상화 중에서 30퍼센트가 넘는 161점이 '진단 불가' 상태였다.

따라서 이제 각 문중에서 사유私有하고 있는 초상화의 진본을 박물관 같은 보존 시설이 잘 갖춰진 국가기관에서 위탁 관리하고, 문중이 진본의 소유권은 계속 가지되 소장하기는 그 모사본을 소장하는 방안을 적극 검토할 시점에 있다고 본다. 이

방안은 일부이긴 하지만 중앙 또는 지방기관에서 이미 시행하고 있다. 국립중앙박물관, 경기도박물관 등에 보관되고 있는 초상화의 숫자가 느리게나마 늘어나고 있다. 이제라도 유물 보존에 대한 국가와 개개인의 관심이 더욱 높아져야 할 때이다. 개인 또는 단체가 소유한 것이라도 조상의 숨결이 담긴 유물이라면 공적인 자산이라는 인식을 가지고 개인도 국가도 보존과 관리에 더욱 힘을 쓸 때이다.

후기

선비정신,
다시
살아나야 한다

고대 로마의 철학자 마르쿠스 툴리우스 키케로Marcus Tullius Cicero, B.C. 106~43가 "역사는 소멸되는 시간을 증명하는 목격자이다"라고 하였듯이 현재와 미래에 다가올 문제를 풀어가는 실마리는 '역사의 거울'에서 찾아야 한다. 이런 맥락에서 조선시대 역사의 중심에 자리한 시대정신, 즉 선비정신을 살펴보는 것도 의미가 있다고 보았다.

그렇다. 조선시대의 선비정신은 당대의 사회와 문화를 대표하는 아이콘이다. 그럼에도 오늘을 사는 우리는 선비정신을 먼발치에 둔 채 살아가고 있다. 이는 조선왕조 말기의 어두운 역사와 무관하지 않다. 요컨대 패망한 왕조가 남긴 어두운 흔적이다. 이해가 가는 바도 없지 않으나, 그렇다고 해서 흔들림 없이 큰 축을 이루며 조선 사회를 지탱해 온 정신적 흐름을 부정하고 폄하하는 것은 사리에 맞지 않는다. 조선왕조가 세계 역사상 유례가 없는 518년이란 긴 시간 동안 지속된 데는 그 사회를 이끈 선비정신이 큰 몫을 했다고 생각한다. 이는 조선시대 초상화를 통해서도 분명히 알 수 있다.

초상화 제작의 일반적인 목적은 어떤 인물을 부각시켜 그 사회의 표상으로 삼기 위함이다. 유럽 문화권에서 전쟁 영웅이

나 군주의 초상화 혹은 동상 등 조형물을 흔히 볼 수 있는 이유다. 따라서 서양 초상화에는 요란한 훈장勳章이 지닌 것과 같은 과시성이 태생적으로 내재해 있음을 어렵지 않게 짐작할 수 있으며, 실제로도 그러하다. 이러한 점은 서양뿐만 아니라 우리와 같은 문화권인 중국과 일본의 초상화도 마찬가지다.

조선시대 초상화의 피사인 역시 임금을 비롯하여 대부분 당시 역사의 주역이었던 인물들이었다. 그린 대상에 있어서는 다른 나라들의 초상화와 다르지 않았다고 할 수 있다. 그런데 특이하게도 조선시대 초상화에는 가식이나 과장이 배제되어 있다. 이런저런 난을 평정한 공을 인정받아 조정에서 하사품으로 내린 공신상을 봐도 화려함보다는 정숙함을 느끼게 한다. 요컨대 우리 민족의 문화적 심성의 바탕은 화려함과 사치스러움을 멀리하는 검소함에 있다는 이야기다. 이는 시쳇말로 현대 미술의 한 핵심 요소인 미니멀리즘Minimalism과 맥을 같이한다. 아울러 이는 우리 문화의 '오래된 미래'의 넓은 지평을 보여주는, 실로 자랑스럽기까지 한 일이 아닐 수 없다.

거기서 그치지 않고, 조선시대 초상화에는 피사인들의 얼굴의 흠까지도 가감 없이 그려져 있다. 수염 속에 감추어진 조그만 혹에서부터, 보는 사람을 당황하게 만들 정도로 흉한 모습까지 '있는 그대로, 보이는 그대로' 화폭에 담았다. 피사인, 즉 선비들의 동의가 없이는 불가능했을 일이다. 그리고 그 근간에는 정직함으로 대표되는 선비정신이 있다. 초상화에서 선비정신의 맥을 짚을 수 있는 이유다. 이는 우리 문화사의 큰 획인 정직함의 결정체이며, 조선시대를 관통한 민족혼의 당당한 발현이기도 하다.

조선의 선비정신의 고매함을 알아본 이가 있으니, 바로 경희대학교 이만열임마누엘 페스트라이쉬, Emanuel Pastreich 교수이다. 그는 저서 《한국인만 모르는 다른 대한민국》에서 한국의 정체성을 표현하고 소개하는 개념으로 선비정신을 내세운다. 그는 선비정신이 "한국 사회와 역사에 깊숙이 뿌리 박혀" 있으며, 이것이 "사회적 차원에서는 수준 높은 공동체 의식을 유지하면서도 이질적 존재와 다양성을 존중하는 태도로 나타난다"며 한껏 부각시킨다.

누누이 언급했듯이 조선시대에는 각종 피부질환을 앓던 이들이 거침없이 높은 관직에 오를 수 있었다. 이는 이만열 교수의 분석과 맥을 같이한다. 요컨대 조선 사회는 생각보다 더

편견 없고 개방적인 사회였다는 것이다. 이만열 교수는 책에서 일본 '사무라이 정신'에 비하면 조선의 선비정신이 훨씬 훌륭하다고 지적한다. 사무라이[侍]를 가리키는 한자가 봉건시대 무사로서 단순히 '윗분을 모시는' 사람이라는 뜻을 담고 있는 반면, 선비[士]를 가리키는 한자는 '학문을 가까이하는' 사람이라는 뜻을 담고 있다는 사실이 많은 것을 함축하고 있다. 또한 나는 본래 선비라는 말이 중국의 고어古語에서 유래한 것이라 생각해왔다. 하지만 중국이나 일본에는 우리나라의 선비와 같은 개념을 가리키는 하나의 낱말이 없으며, 선비라는 말이 순우리말이라는 사실을 알게 되었다. 선비정신이 얼마나 고유한 것이며, 우리 생활 속에서 얼마나 깊이 뿌리를 내리고 있는지를 짐작하게 하는 증거다.

문득 독일의 문호 괴테Johann Wolfgang von Goethe, 1749~1832가 오늘 우리에게 훈수하듯 남긴 명구가 생각난다. 그는 "세상에는 두 종류의 평화로운 권력이 있다. 법과 예의범절이다"라고 하였다. 여기서 법과 예의범절은 아주 다른 개념이 아니라 '평화로운 권력'이라는 공통분모를 가지고 서로 보완하기도 하고, 서로 균형을 잡아주는 상관관계에 있다고 생각한다. 선비정신의 근간이 바로 예의범절이라는 생각을 하면서 선비정신의 높은 사회성을 새삼 되새기게 된다.

문제는 지금 우리의 현실이다. 우리 사회는 혼탁하기 그지없다. 자괴감을 가진 적이 한두 번이 아니고, 그 혼탁함의 중심에 '정직하지 못함'이 자리하고 있음을 보면서 마음이 더욱 무거웠던 것이 한두 번이 아니다. 그러면서 가끔은 자조적이긴 하지만 우리 사회에 대한 의구심을 마음 한구석에 품기도 하였다.

우리 사회가 겪고 있는 난국에서 벗어날 해법은 어디에 있을까? 고민하다가 조선 중기의 대표적인 학자이자 선비인 화담花潭 서경덕徐敬德, 1489~1546이 남긴 일화가 생각났다. 한 장님이 대낮 장터에서 눈을 뜨자 자기 집 가는 길을 못 찾고 당황하는 모습을 본 서화담이, "그렇다면 도로 눈을 감고 가시오"라고 조언하였다. 그러자 장님은 다시 눈을 감고 익숙한 지팡이로 더듬으며 무사히 집으로 갔다. 우리 사회도 이제 다시 눈감고 올바른 길을 찾아나서야 한다고 생각한다. 여기서 장님의 지팡이 역할은 바로 선비정신이 해야 할 것이다.

오늘날 우리 사회가 직면하고 있는 다양한 부정적인 현상은 마치 흐르는 큰 강의 수면과도 같다. 외부 요인에 따라 바람을 타고 일렁일 수도 있고, 기온이 내려가면 꽁꽁 얼어붙을 수도 있다. 하지만 강바닥의 큰 흐름은 흔들림 없이 유유히 흘러왔고, 앞으로도 계속해 흐르리라 믿는다. 그 흐름이 바로 조선시대 초상화에서 본 선비정신으로 대표되는, 올곧기 그지없는 우리 정신문화다. 조선시대 초상화는 이렇게도 분명한 '바름의 메시지'를 우리 사회에 전하면서 새로운 깨우침을 준다.

자기를 부정하는 정서가 이 사회에 가득하다. 우리 사회는 알게 모르게 일제 식민사관에서 벗어나지 못하고 있다. 식민교육의 잔재가 여전히 팽배해 있다. 우리 문화를 폄하하고 중국 문화나 일본 문화를 무조건 우러러보는 경향이 바로 그것이다. 적지 않은 사람들이 선비정신을 고리타분한 옛것 혹은 유약한 것이라고 폄하하는 데서 자유롭지 못하다. 그 같은 고정관념의 뿌리가 일제강점기가 남긴, 여전히 아물지 않은 마음의 상처인 것 같아 아쉽기만 하다. 오늘 선비정신을 새롭게 주창하는 것은, 우리 사회가 너무 오래 방향감각을 잃고 헤매면서 올바른 해결책을 찾지 못하고 있는 데 대한 안타까움도 있다.

나는 조선시대 초상화에서, 500년이 넘는 세월 동안 일관되게 전해온 선비정신을 보았다. 우리 문화의 탁월함과 독창성을 발견하면서 스스로에게 내재되어 있던 식민교육의 그림자를 벗어나고 그런 면을 극복할 수 있었다. 정직함과 올곧음, 잊어버린, 또는 잊어버릴 뻔한 선비정신이 다시금 우리 사회가 지향해야 할 지표指標가 되길 바라는 마음이 절실하다. “역사는 소멸되는 시간을 증명하는 목격자이다”라는 키케로의 말을 다시 한 번 새기며, 선비정신이 지금 우리에게서 다시 살아나야 한다고 주창하는 바이다.

마지막으로, 이 책을 통해 우리 문화의 차별성을 부각하면서 다른 나라의 문화와 비교 검토하는 것은 필연적인 일이었다. 하지만 문화의 차이에 대해 말한 다음의 명구를 근간으로 연구에 임했다는 사실을 분명히 밝혀두고자 한다.

“다른 문화가 있을 뿐, 좋거나 나쁜 문화는 없다.There are just different cultures. They are neither good nor bad one.”

참고 문헌

강경훈, 〈重菴 姜彛天 文學 硏究 — 18세기 近畿 南人 小北文壇의 展開와 관련하여〉, 동국대학교 박사논문, 2001.

강관식, 〈논문 : 명재(明齋) 윤증(尹拯)(1629~1714) 유상(遺像) 이모사(移摹史)의 조형적(造形的), 제의적(祭儀的), 정치적(政治的), 해석(解釋)〉, 《강좌미술사》35(한국불교미술사학회(구 한국미술사연구소), 2010).

강관식, 〈조선시대 초상화를 읽는 다섯 가지 코드〉, 《美術史學報》38(한국불교미술사학회(구 한국미술사연구소), 2012).

강관식, 〈털과 눈 -조선시대 초상화의 제의적 명제와 조형적 과제〉, 《미술사학연구》제248호(한국미술사학회, 2005).

강관식, 이태호(토론자), 〈조선시대 초상화의 圖像과 心像〉, 《美術史學》15(한국미술사교육학회, 2001).

강철배, 〈태조 어진 봉안행차(奉安行次)의 재현을 위한 기초연구〉, 《전북사학》Vol.37, 2010.

권혁산, 〈조선시대 무관초상화와 흉배에 관한 연구〉, 《미술사연구》26(미술사연구회, 2012.

김광국, 유홍준·김채식 역, 《김광국의 석농화원》(눌와, 2015).

김국보, 〈동아대학교박물관 소장 朱敬一肖像畵〉, 《考古歷史學志》16(동아대학교 박물관, 2000).

김국보, 〈통도사 소장 玉仁作 고승진영 연구〉, 《文物硏究》14(동아시아문물연구학술재단, 2008).

김국보·김미경, 〈화사(畵師) 의운당(意雲堂) 자우(慈雨)의 고승진영〉, 《石堂論叢》39(東亞大學校附設 石堂傳統文化硏究院, 2007).

김기완, 〈노론의 학통적 맥락에서 본 송시열 초상화찬〉, 《열상고전연구》35(열상고전연구회, 2012).

김두종, 《한국의학문화대연표》(탐구당, 1966).

김두종, 한승련, 〈우리나라의 역병고〉, 《대한의학협회지》4권, 1961.
김영나, 〈화가와 초상화〉, 《미술사연구》20(미술사연구회, 2006).
김옥주·미야가와 다쿠야, 〈에도 말 메이지 초 일본 서양의사의 형성에 대하여〉, 《의사학》제20권, 2011년 12월.
김옥주, 〈조선 말기 두창의 유행과 민간의 대응〉, 《의사학》제2권, 1993.
김정, 〈단군 초상화에 관한 연구 -한국인 안면·두상 정립을 위한 모색-〉, 《造形教育》20(한국조형교육학회, 2002).
김종숙, 〈근세 초상화에 나타난 서양 복식의 조형적 특성에 관한 연구〉, 《패션과 니트 Vol.7 No.1(한국니트디자인학회, 2009).
김종숙, 〈근세 초상화에 나타난 서양 복식의 조형적 특성에 관한 연구〉, 《패션과 니트》 Vol.7 No.1(한국니트디자인학회, 2009).
문명대, 〈진영(眞影)특집 : 지공화상(指孔和尙) 진영상의 도상특징〉, 《강좌미술사》35(한국불교미술사학회(구 한국미술사연구소, 2010).
박경석, 〈우리가 그린 초상화〉, 《문예운동》38(문예운동사, 1988).
박래경, 〈肖像畵에 對하여〉, 《교육논집》 Vol.6 No.1(연세대학교 교육대학원, 1973).
손미선, 〈서위의 회화 연구〉, 숙명여자대학교 대학원 석사학위논문, 1994.
송희복, 〈중세해체기 문학적 인간상과 역사적 현재성 -반유교의 초상화-〉, 《한국문학연구》13(동국대학교 한국문학연구소, 1990).
신대현, 〈高僧 眞影의 讚文으로 본 高僧의 生涯 - 조선시대 후기 진영을 중심으로〉, 《史學硏究》90(한국사학회, 2008).
안천, 〈조선황실 세종임금님 어진 연구〉, 《社會科教育》 Vol.46 No.1(한국사회과교육연구학회, 2007.
안휘준, 〈우리 나라 초상화의 흐름〉, 《고문화》33(한국대학박물관협회, 1988.).
안휘준, 〈조선시대 초상화는 어떻게 발달했을까〉, 《한국의 초상화》(눌와, 2007).

윌리엄 H. 맥닐, 허정 역, 《전염병과 인류의 역사》(한울, 1992).
유안진, 〈퇴계선생의 초상화〉, 《시안》 Vol.14 No.2(詩眼社, 2011).
유재빈, 〈특집 : 조선후기 어진 관계 의례 연구; 의례를 통해 본 어진의 기능〉, 《미술사와 시각문화》10(미술사와 시각문화학회, 2011).
유홍준, 〈사실을 넘어 정신을 담은 우리나라 초상화〉, 《한국의 초상화》(눌와, 2007).
유희정, 〈조선시대 초상화 상복에 나타난 문양 연구〉, 《韓服文化》 Vol.14 No.1(한복문화학회, 2011).
윤진영, 〈강세황 작 〈복천오부인 영정(福川吳夫人影幀)〉〉, 《강좌미술사》27(한국불교미술사학회(구 한국미술사연구소, 2006).
윤진영, 〈물촌 신종위의 초상화와 《물촌선생영정개모시일기》〉, 《국학연구》 15(한국국학진흥원, 2009).
이경화, 〈초상에 담지 못한 사대부의 삶 - 이명기와 김홍도의 '徐直修肖像'〉, 《미술사논단》제34집, 2012.6.
이민주, 〈肖像畵를 통해 본 麗末鮮初 冠服〉, 《포은학연구》8(포은학회, 2011).
이상면, 〈최초의 영상기구, 카메라 옵스큐라의 문화사적 의미〉, 《영상문화》16(한국영상문화학회, 2010).
이성낙, 〈무모증(無毛症)에 시달린 아름다운 '소녀'〉, 《환경과 조경》 295권, 2011.
이성낙, 〈조선시대 초상화가 전하는 메시지〉, 《환경과 조경》4월호 (환경과 조경, 2009).
이성낙, 〈조선 왕조를 건국한 태조에게도 예외란 없었다〉, 《환경과 조경》7월호(환경과 조경, 2011.)
이성낙, 〈한 불상에 숨겨진 애달픈 사연〉, 《환경과 조경》9월호(환경과 조경, 2012)
이수미, 〈경기전 태조 어진(御眞)의 조형적 특징과 봉안의 의미〉, 《美術史學報》26(美術史學硏究, 2006).

이안지, 〈조선후기 초상화에 미친 서양화법의 연구〉, 《역사와실학》17·18 (역사실학회, 2000).
이예성, 〈선암사(仙巖寺) 소장 극사실주의(極寫實主義) 진영 연구〉, 《호남문화연구》50(전남대학교 호남학연구원, 2011).
이은창, 〈蘭谷 宋炳華肖像畫〉, 《美術史學研究》Vol.8 No.2(한국미술사학회, 1967).
이주현, 〈화가의 자화상〉, 《미술사연구》20(미술사연구회, 2006).
이태호, 〈17세기 미술 특징 : 17세기, 인조(仁祖) 시절의 새로운 회화경향 -동회(東淮) 신익성(申翊聖)의 사생론(寫生論)과 실경도(實景圖), 초상(肖像)을 중심으로-〉, 《강좌미술사》31(한국불교미술사학회(구 한국미술사연구소), 2008).
이태호, 〈강인 초상 반신상-1783년 강세황초상화 관련 '계추기사'에 확인되다〉, 《Seoul Auctlon》, 서울옥션 제145회 미술품경매 도록, 2017.9.
이태호, 《사람을 사랑한 시대의 예술, 조선후기 초상화》, 마로니에북스, 2016.
이태호, 《옛 화가들은 우리 얼굴을 어떻게 그렸나》(생각의 나무, 2008).
이태호, 〈조선시대의 초상화〉, 《미술사연구》12(미술사연구회, 1998).
이태호, 〈조선후기에 "카메라 옵스큐라"로 초상화를 그렸다 -정조 시절 정약용의 증언과 이명기의 초상화법을 중심으로〉, 《다산학》6(다산학술문화재단, 2005).
이태호·김호석, 〈공재 윤두서의 초상화의 비밀〉, KBS 역사스페셜, 2011.5.27.
장인석, 〈강이천의 18세 소진〉, 《문헌과 해석》 vol.57, (태학사, 2012).
정석범, 〈조선후기 서양화풍 초상화와 유가적 自我〉, 《미술사연구》21(미술사연구회, 2007).
정석범, 〈화산관 이명기와 조선 후기 서양화풍 초상화의 국제성〉, 《한국학연구》45(고려대학교 한국학연구소, 2013).
조선미, 〈朝鮮 後期 中國 肖像畵의 流入과 韓國的 變用〉, 《美術史論壇》14(한국미술연구소, 2002).

조선미, 〈한국초상화(韓國肖像畵)에 대한 화론적(畵論的)접근〉, 《美學》 Vol.7 No.1(한국미학회, 1981).

조선미, 《왕의 얼굴(한·중·일 군주 초상화를 말하다)》(사회평론, 2012)

조선미, 《초상화의 연구》(문예출판사, 2004).

조인수, 〈중국초상화의 세계: 종교적 성격을 중심으로, 명청대 인물화〉, 《명청대 인물화 특별전도록》, 2008.

조인수, 〈초상화를 보는 또 하나의 시각〉, 《美術史學報》29(미술사학연구회, 2007).

조인수, 〈태조의 초상화 조선을 건국한 왕의 위엄과 기상〉, *Koreana* (Korean) Vol.20 No.1(The Korea Foundation, 2006).

조인수, 〈특집 : 조선 초기 태조 어진(御眞)의 제작과 태조 진전(眞殿)의 운영-태조, 태종대를 중심으로-〉, 《미술사와 시각문화》3(미술사와 시각문화학회, 2004).

조효순, 〈朝鮮時代의 官服〉, 《明大論文集》11(명지대학교, 1978).

지미령, 〈日蓮宗 조사상에 대한 考察〉, 《불교학연구》28(불교학연구회, 2011).

지순임, 〈조선시대 초상화의 미학적 접근〉, 《美學·藝術學硏究》28(한국미학예술학회, 2008).

최경현, 〈완주 大院寺 소장 '震默大師 眞影'에 대한 小考〉, 《文化史學》35(한국문화사학회, 2011).

하영술, 〈초상미술(L'Art du portrait)과 동일성(Ressemblance)에 관한 고찰〉, 《藝術論集》3(全南大學校 藝術硏究所, 1999).

한영우, 《정조평전 - 성군의 길》(지식산업사, 2017)

호러스 N. 알렌, 신복룡 역, 《조선견문기》(평민사, 1986).

참고 도록

《경기명가 기증유물 특별전 조선시대 사대부》, 경기도 박물관, 2010.

《국립중앙박물관 한국서화유물도록 제15집 조선시대 초상화 1》, 국립중앙박물관, 2007.

《국립중앙박물관 한국서화유물도록 제15집 조선시대 초상화 2》, 국립중앙박물관, 2007.

《국립중앙박물관 한국서화유물도록 제15집 조선시대 초상화 3》, 국립중앙박물관, 2007.

《조선의 공신》, 한국학중앙연구원 장서각, 2012.

《초상화의 비밀》, 국립중앙박물관, 2011.

《추사 김정희, 학예일치의 경지》, 국립중앙박물관 편, 통천문화사, 2006.

《표암 강세황 : 시대를 앞서 간 예술혼》, 국립중앙박물관, 2013.

《한국명인초상대감》, 이강칠 편, 탐구당, 1972.

《한국인의 얼굴》, 국립민속박물관 편, 신유, 1994.

《한국의 미 20 인물화》, 중앙일보 계간미술, 1977~2001.

《한국초상화》, 국립중앙박물관, 1979.

《한국의 초상화》, 문화재청 편, 눌와, 2007.

《해외소장 한국문화재 : 일본소장 4》, 한국국제교류재단, 1997.

외국 문헌

Charles Saumarez Smith, *National Portrait Gallery*(London, 2010).

Gombrich, E. H., *Die Geschichte der Kunst*(Berlin: Phaidon Verlag GmbH, 1995).

Hann S.K., Nordlund J,. *Vitiligo*(London: Blackwell Science, 2000).

Lee, Tae Ho, "Portrait Paintings in the Joseon Dynasty: With a Focus on Their Style of Expression and Pursuit of Realing," *Korea Journal*, vol.45 No.2, Korean National Commission for UNESCO, Summer 2005.

Ota M, Tamino H.: "The naevus fusco-carerules opthalmmomaxilaris and its relationship to pigmentary changes in the eye,"*Tohoku Med. J*. 1939, 63,

Rook A, Wilkinson DS, Ebling, FJG,. *Textbook of Dermatology*. 1969.

Sungnack Lee, "Vitiligo auf einem historischen Portrat,"*Der Hautarzt*(vol.33), 1982.

Victoria Charles, *1000 Portraits*(NewYork: Parkstone Press International, 2011).

若林利光, 尿毒症說, 脚氣說(腦神經外科醫), 《壽命戰爭 - 武將列傳》(かりばね書房, 2009).

豊臣秀吉の死因: 腦梅毒, 痢病《日本西教史》, 太政官, 1880(Jean Crasset, Historie de l'eglise du japon, 1689).

《久能山東照宮博物館100選》, 1995.

색인

이성낙

1938년 출생. 독일 마르부르크대학교 의과대학 예과를 졸업하고, 독일 뮌헨대학교에서 의학사, 박사학위를 받았다. 프랑크푸르트대학교에서 피부과 전문의와 교수 자격을 취득했다. 연세대학교 의과대학 피부과 주임교수, 아주대학교 의과대학 초대 학장·의무부총장, 가천대학교 명예총장, 국제베체트학회 회장을 지냈다.
2014년 명지대학교 대학원 미술사학과에서 〈조선시대 초상화에 나타난 피부 병변 연구〉로 박사학위를 받았다. (사)현대미술관회 회장, 한국의·약사평론가회장을 지냈고, 간송미술문화재단 이사를 맡고 있다. 2015년 독일연방공화국 대통령이 수여한 십자공로훈장을 받았다.

초상화, 그려진 선비정신

피부과 의사, 선비의 얼굴을 진단하다

초판 1쇄 발행　2018년 3월 16일
초판 4쇄 발행　2023년 11월 6일

지은이　이성낙
펴낸이　김효형
펴낸곳　(주)눌와
등록번호　1999. 7. 26. 제10-1795호
주소　서울시 마포구 월드컵북로16길 51, 2층
전화　02. 3143. 4633
팩스　02. 3143. 4631
페이스북　www.facebook.com/nulwabook
블로그　blog.naver.com/nulwa
전자우편　nulwa@naver.com
편집　김선미, 김지수, 임준호
디자인　엄희란

책임편집　김지수
표지·본문디자인　글자와 기록사이

제작진행　공간
인쇄　더블비
제본　비춤바인텍

ISBN　979-11-89074-00-5 03910

_책값은 뒤표지에 표시되어 있습니다.